수영
일기

오영은

여행과 운동을 좋아한다. 매일 아침 수영을 하고 가끔 마라톤 대회에 나간다.
계획 없이 어느 날엔 지리산 종주를 떠나고, 어느 날엔 네팔 트레킹을 약속하고 비행기 티켓을 끊는다.
새로운 경험들의 연결고리는 그림일기. 늘 기록하고 그림으로 대화하며 살아간다.

동덕여대 산업디자인과를 졸업하고 〈인스타일〉, 〈엘르걸〉, 〈싱글즈〉, 〈나일론〉 등의 매거진에 패션일러스트를 그린다.
다양한 광고일러스트와 어린이책 삽화도 그리고 있다.

instagram   o.young_eun
homepage   misstea.co.kr

수영일기
ⓒ 오영은 2017

초판 1쇄   2017년 7월 14일
초판 10쇄 2024년 10월 7일

지은이   오영은

출판책임	박성규		펴낸이	이정원
편집주간	선우미정		펴낸곳	도서출판 들녘
기획이사	이지윤		등록일자	1987년 12월 12일
편집	이동하·이수연·김혜민		등록번호	10-156
디자인	하민우		주소	경기도 파주시 회동길 198
마케팅	전병우		전화	031-955-7374 (대표)
경영지원	김은주·나수정			031-955-7381 (편집)
제작관리	구법모		팩스	031-955-7393
물류관리	엄철용		이메일	dulnyouk@dulnyouk.co.kr

ISBN   979-11-5925-265-5 (03810)

값은 뒤표지에 있습니다. 잘못된 책은 구입하신 곳에서 바꿔드립니다.

수영
일기

월요일부터 〰〰〰〰〰 금요일까지
오   영   은   쓰   고   그   림

prologue ···007

수영 첫날의 설렘 ···019

수영장의 여름 ···103　수영과 다이어트의 상관관계 ···113

평영의 신 ···173　나는 언제쯤 상급반이 될 수 있을까 ···187

수영의 완성은 아이템-나도 패셔니水타 ···239

 수영인의 하루 ··· 045   배워보자 자유형 ··· 079

배영 이야기 ··· 123   수영장 사람들 ··· 139

 #수영스타그램 ··· 199   아자 아자 접영 ··· 217

턴과 스타트 ··· 261    epilogue ··· 277

prologue

안녕하세요.

저는 마태와 테오라는 고양이들의 양치집을 책임지고 있는 오영은이라고 합니다.
패션일러스트레이터예요.

제 가방 한구석엔 늘 물감과 작은 노트가 들어 있어요.
여행을 가면 어디서든 노트를 펼치고 앉아 그리기를 좋아합니다.

어느 날 발리에서 수영장이 있는 풍경을 그리다가 수영의 매력에 빠졌고,
서울에 돌아와 바로 수영을 배우기 시작했답니다.

저의 작은 노트에는 수영 왕초보에서 중급, 상급으로 가며
경험한 이야기들이 차곡차곡 쌓였습니다.
그리고 그것이 책이 되었어요.

마태

테오

수영 첫날의 설렘

수영 등록했어요

첫 수영복 사기

감선미가 살아 있으면서
섬세한 디테일이 있는
뭔가 남들과 다른 느낌이 있으면서
하지만 너무 시선을 끌지는 않는

그런 디자인이었으면 좋겠어요.

어떤 수영복을 골라야 할지…

수영복 입는 게 낯설어

좀 끼네.

수영모자의 리프팅 효과

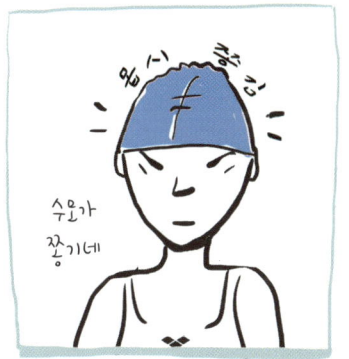

그래도 1년은 어려진 느낌이랄까…

나의 첫 수영도구

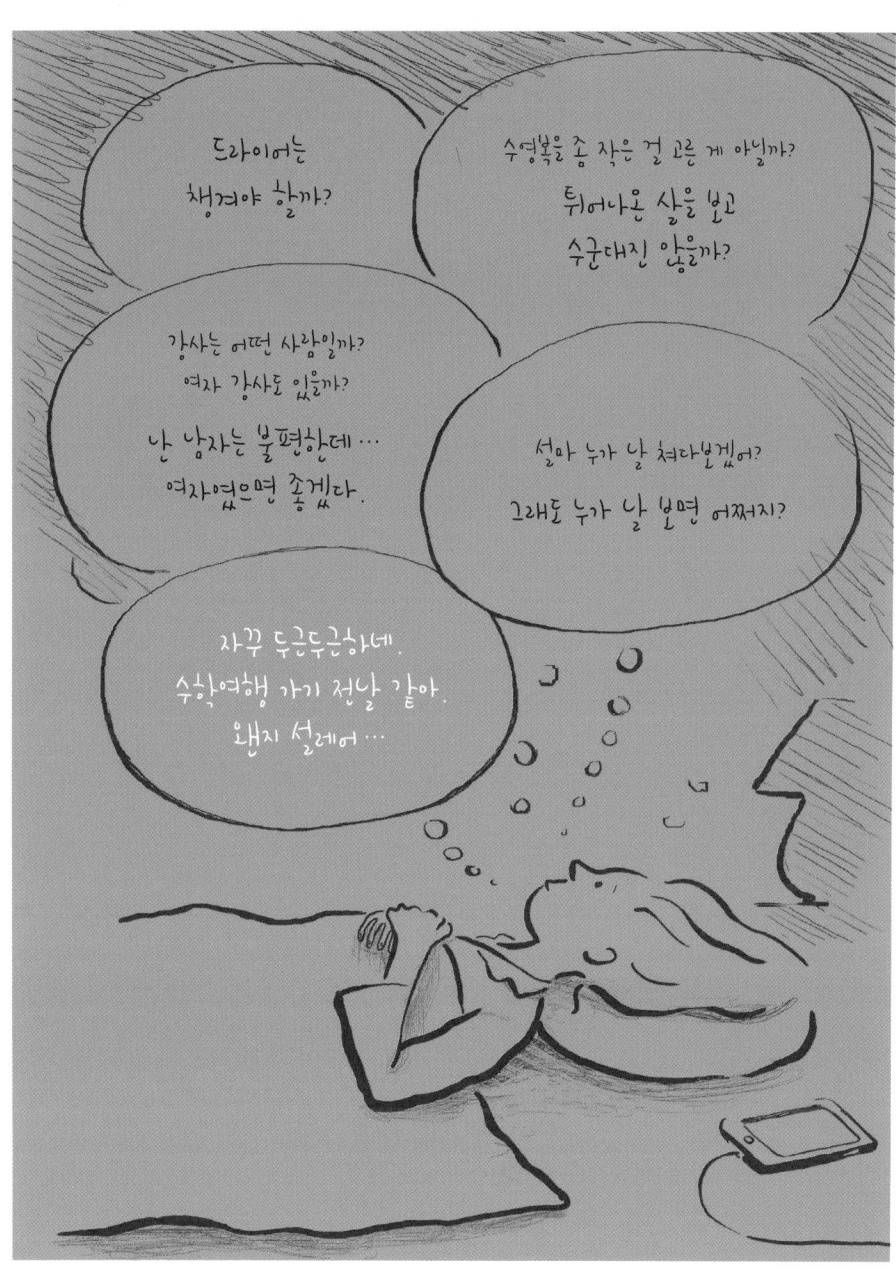

5:00 a.m.

아 5시네

026

꽁꽁 싸매고 집을 나서는 겨울의 아침

수영장 도착

아저씨 귀 주세요.

겨울 아침 수영의 시작

유아 풀장은 따뜻하니까…

앗 추워

겨울 수영장 물은 차갑다.
휴일 다음 날 아침 수영장 물은
더 차갑다.

선생님 안녕하세요

드디어,
수영을 배우게 되었다.

준비운동을 잊지 마세요!!

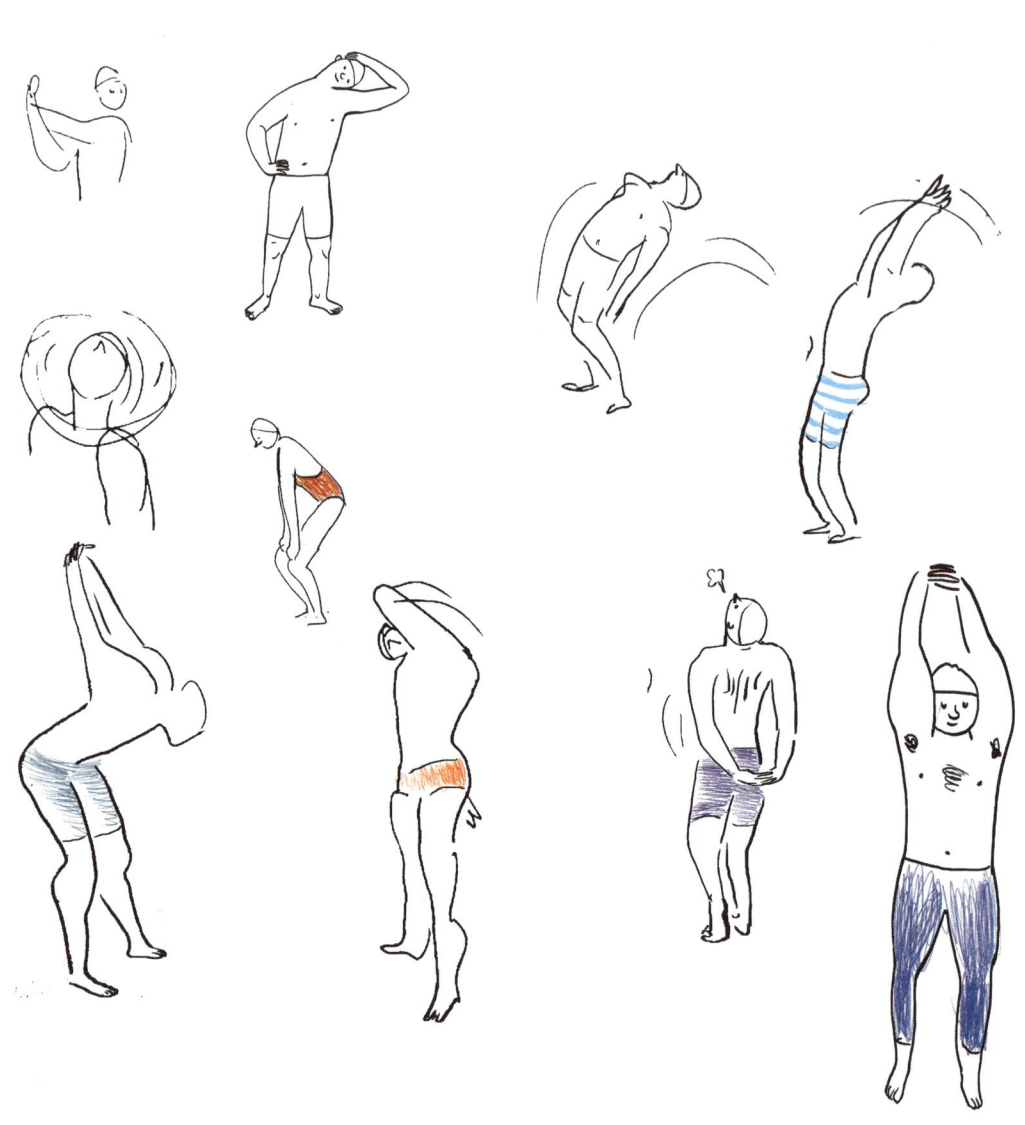

물에 얼굴 담기

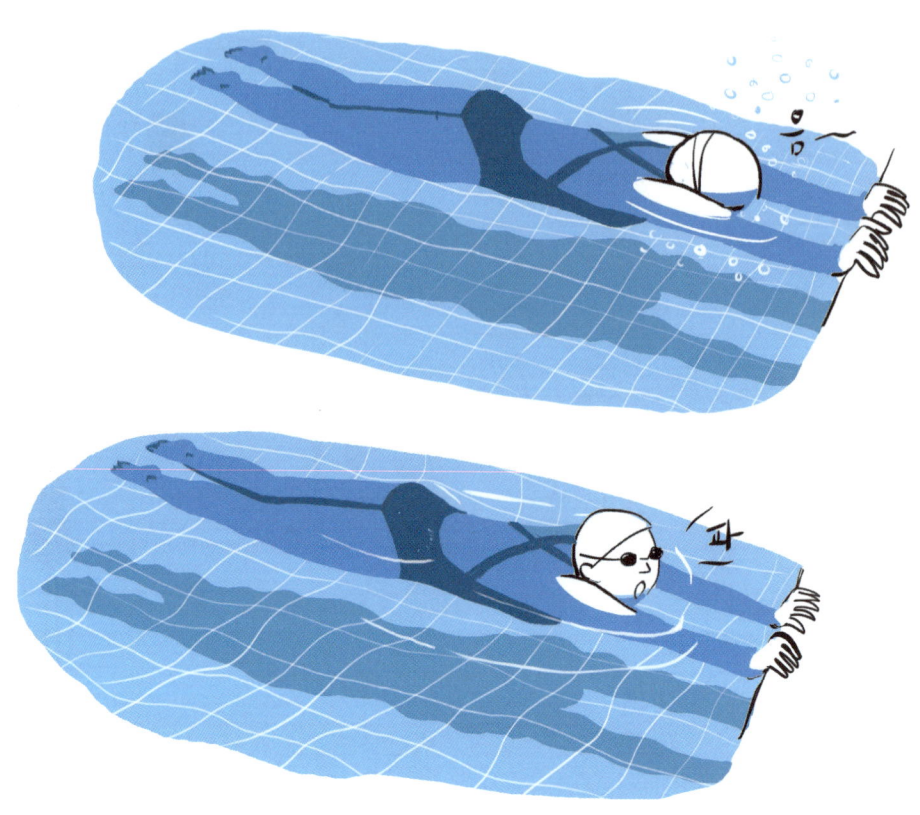

음~ 파!

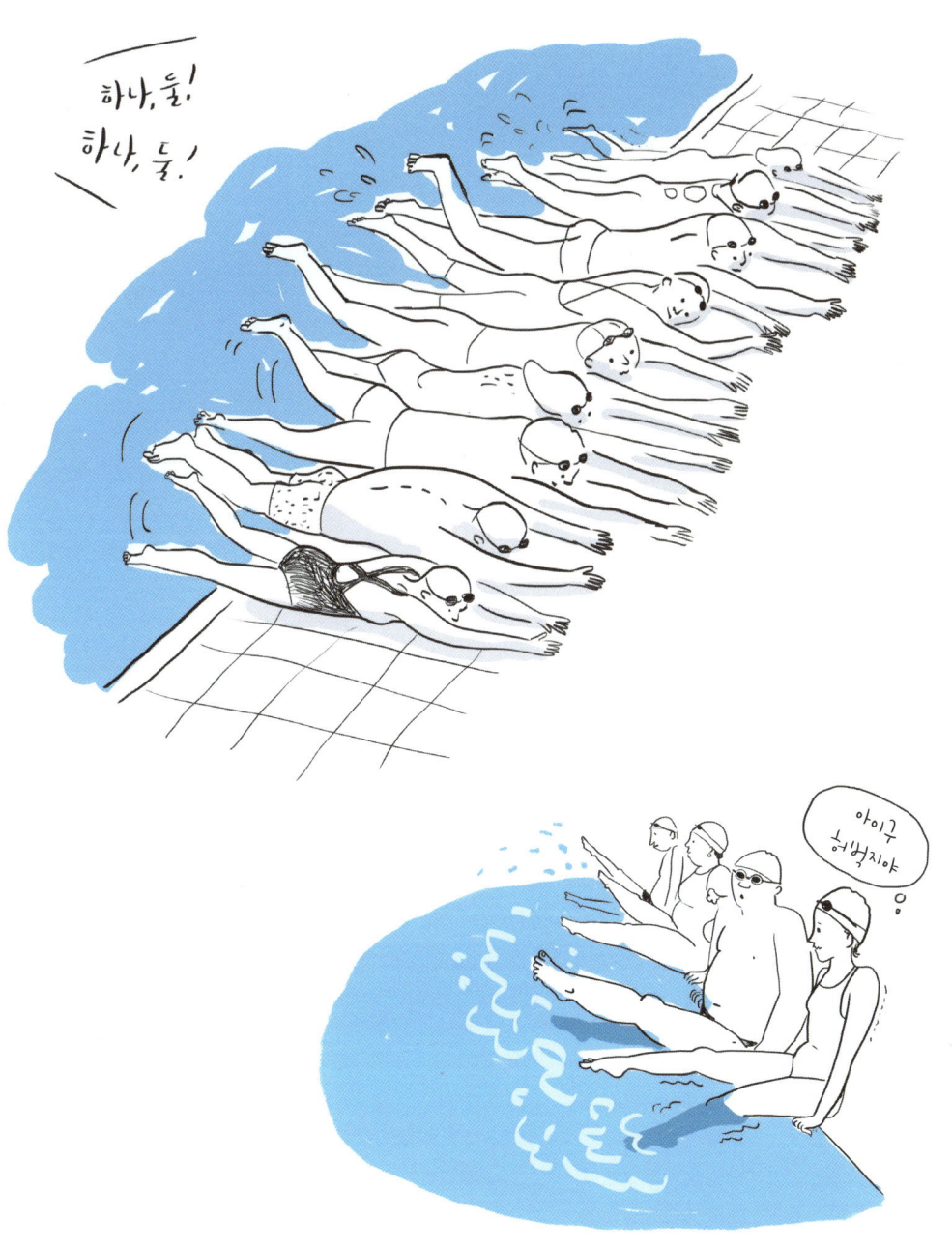

물 밖으로 나오는 일은 생각보다 힘들어요.

퇴수 2

입에 들어간 물을 처리하는 각자의 방법

자~ 모이세요!

오늘 하루도 화이팅!

수영 후 샤워는 상쾌해

나도 이제 수영인

후웃,
이렇게 작은 조각을 입었다니.

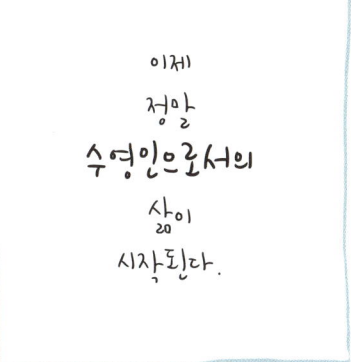
이제
정말
수영인으로서의
삶이
시작된다.

새벽

아침수영 가는 날만 누릴 수 있는 고요함…

굿모닝

무아지경

닥치고 수영

선생님 너무 힘들어요…
선생님 너무 힘들어요…
선생님 너무 힘들어요…

그러자 수영강사님은
눈빛으로 말했다.

뺑뺑이

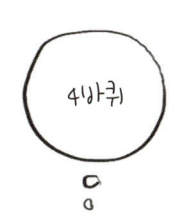

오리발 첫날

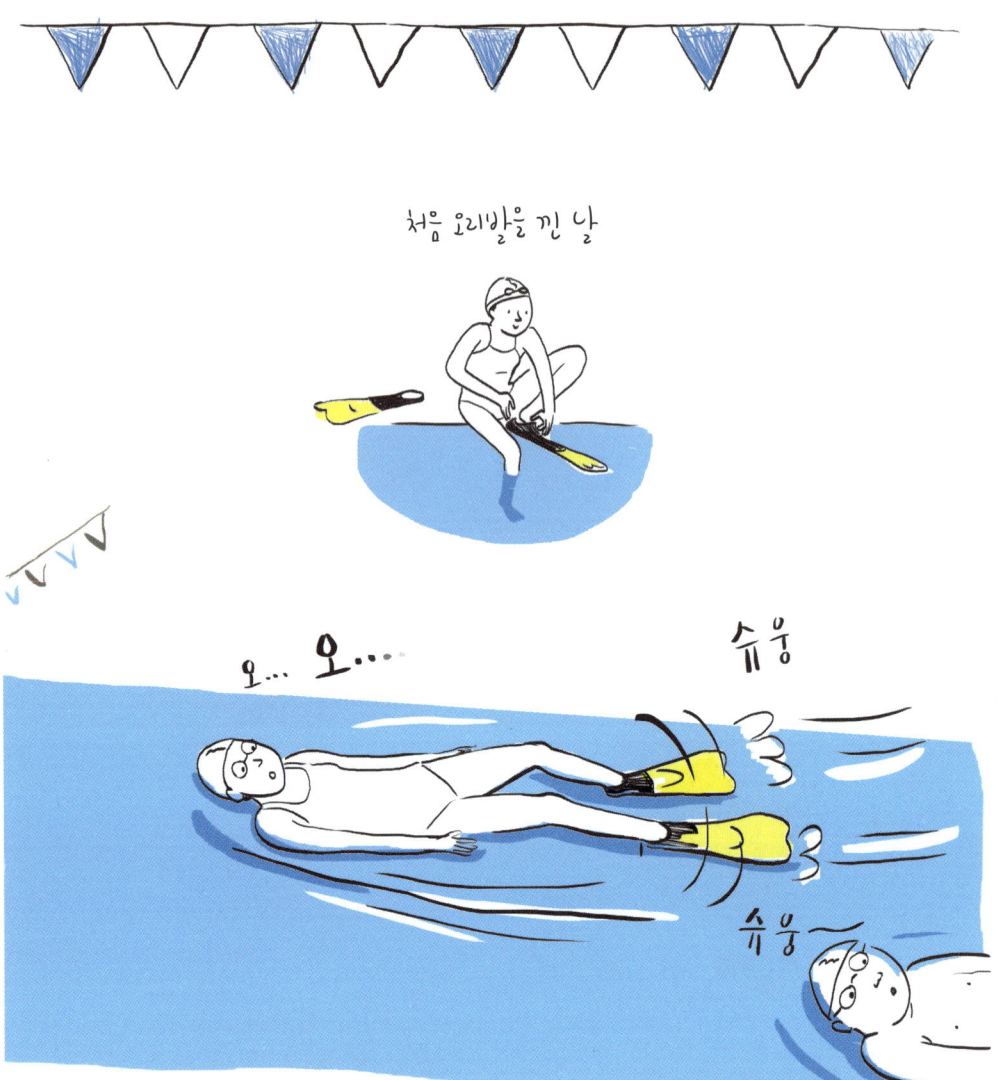

처음 오리발을 낀 날

오… 오… 슈웅 슈웅~

발에 모터를 단 듯한 신세계를 경험하였다.

그러다가

.
.
.

머리 조심합시다!

오리발 데이

미역발

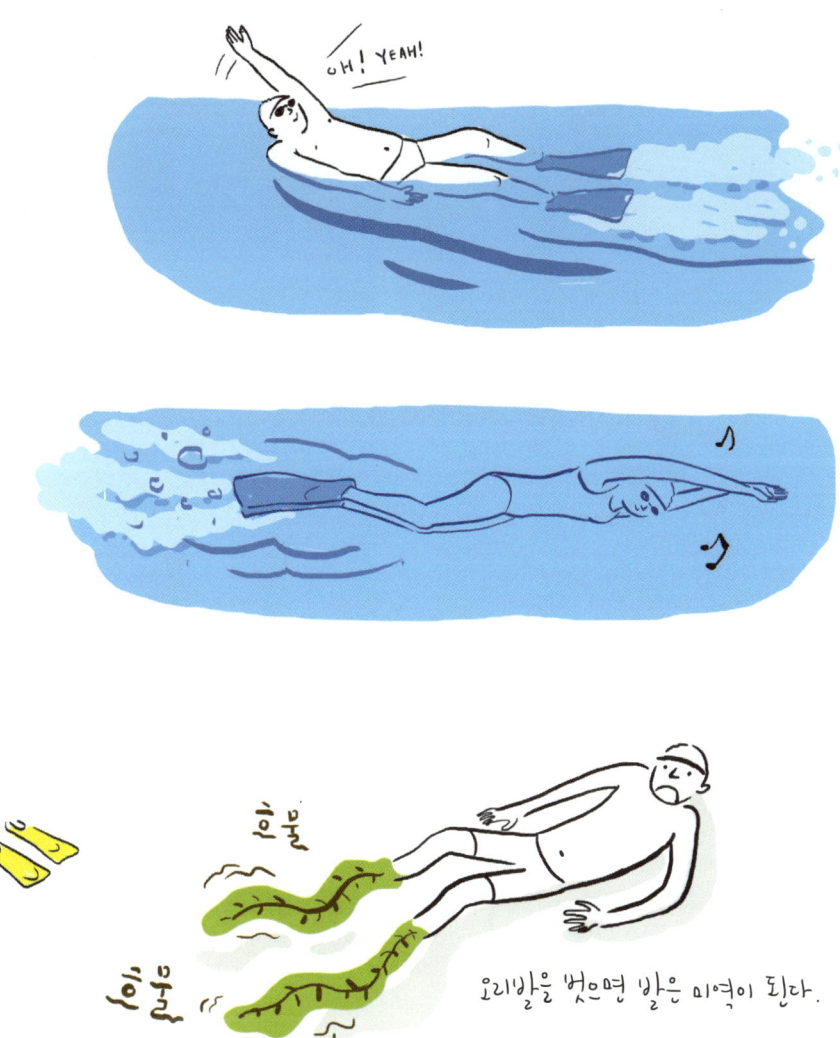

3미터 풀

입수의 공포 극복하기

057

오늘이야말로!!

촬영하는 날

내가 수영하는 폼을 볼 수 있는 유일한 날…

둥글게 인사

 수영 시간의 마무리는 둥글게 서서 손 잡고 인사하기.
Have a good day!

흔적

수영홀릭 1

수영홀릭 2

수영홀릭 3

유튜브로 수영 열공?

염소의 향기

'염소의 맛'에 이어 '염소의 향기' 출시!

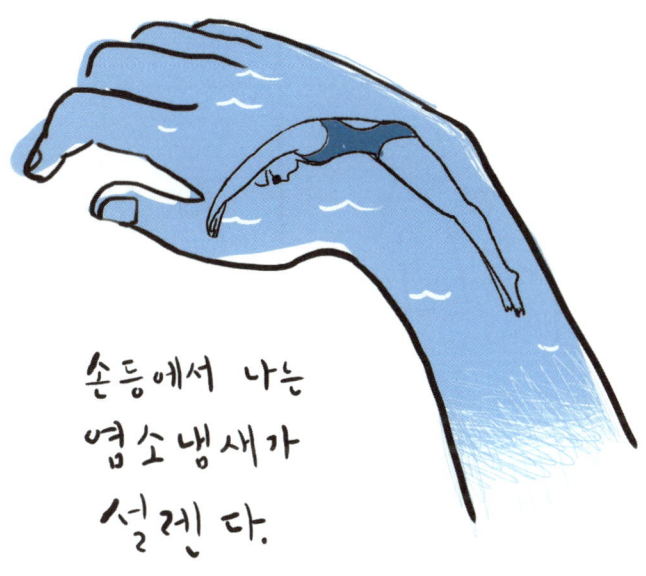

손등에서 나는
염소냄새가
설렌다.

습관

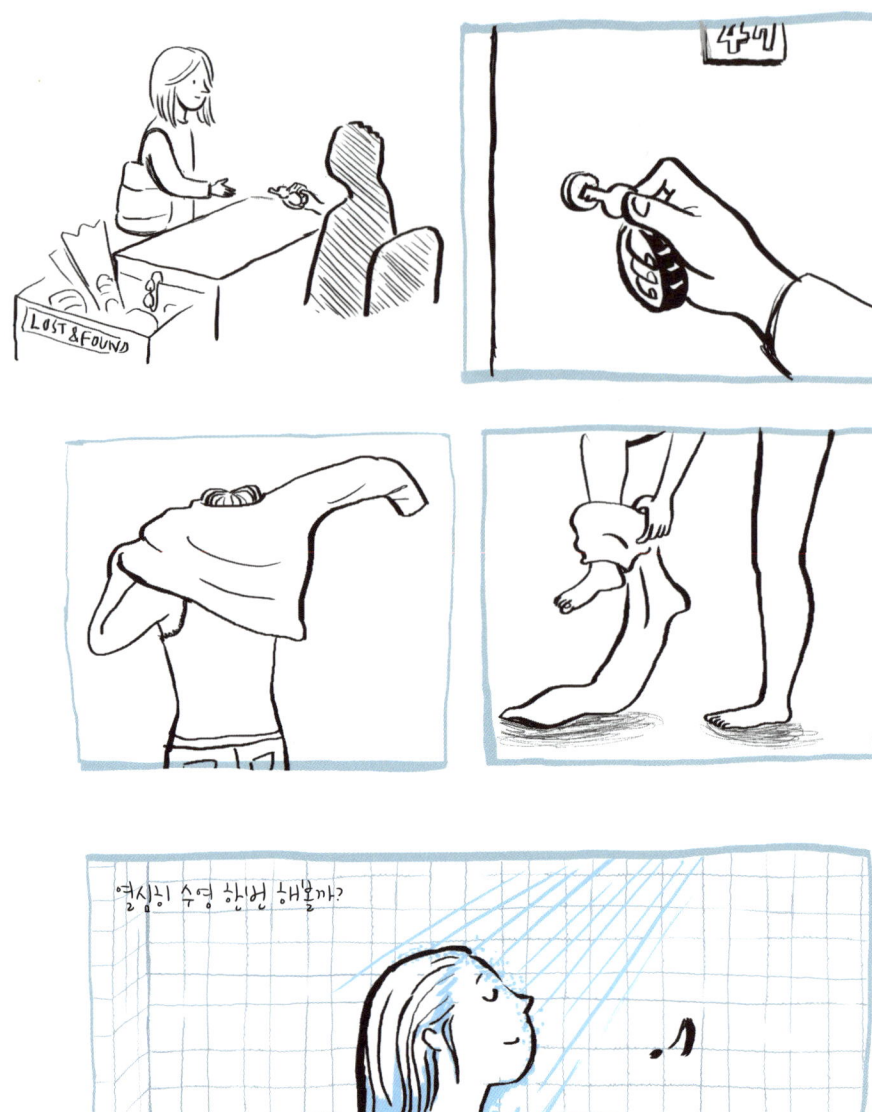

수영복 챙기기는 왜 습관이 되지 않는가.

달려라 마태야

마감에 늦었을 땐 고양이 손이라도…

위로

수영할 땐 다른 생각을
하지 않게 돼서 좋다…

수영을 하고 나면 현실을 받아들일
여유가 조금 생긴다.

폭풍 마감, 다음 날

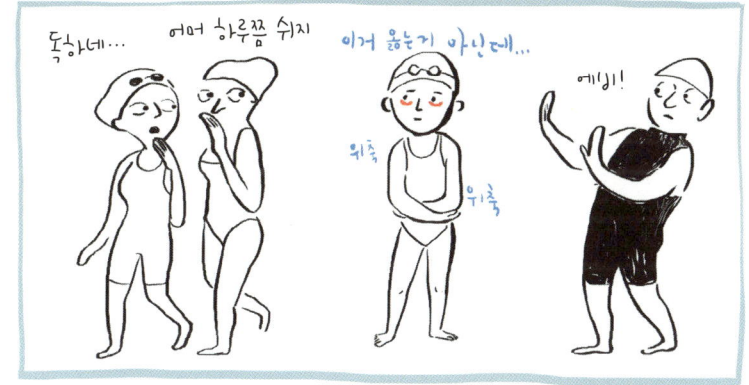

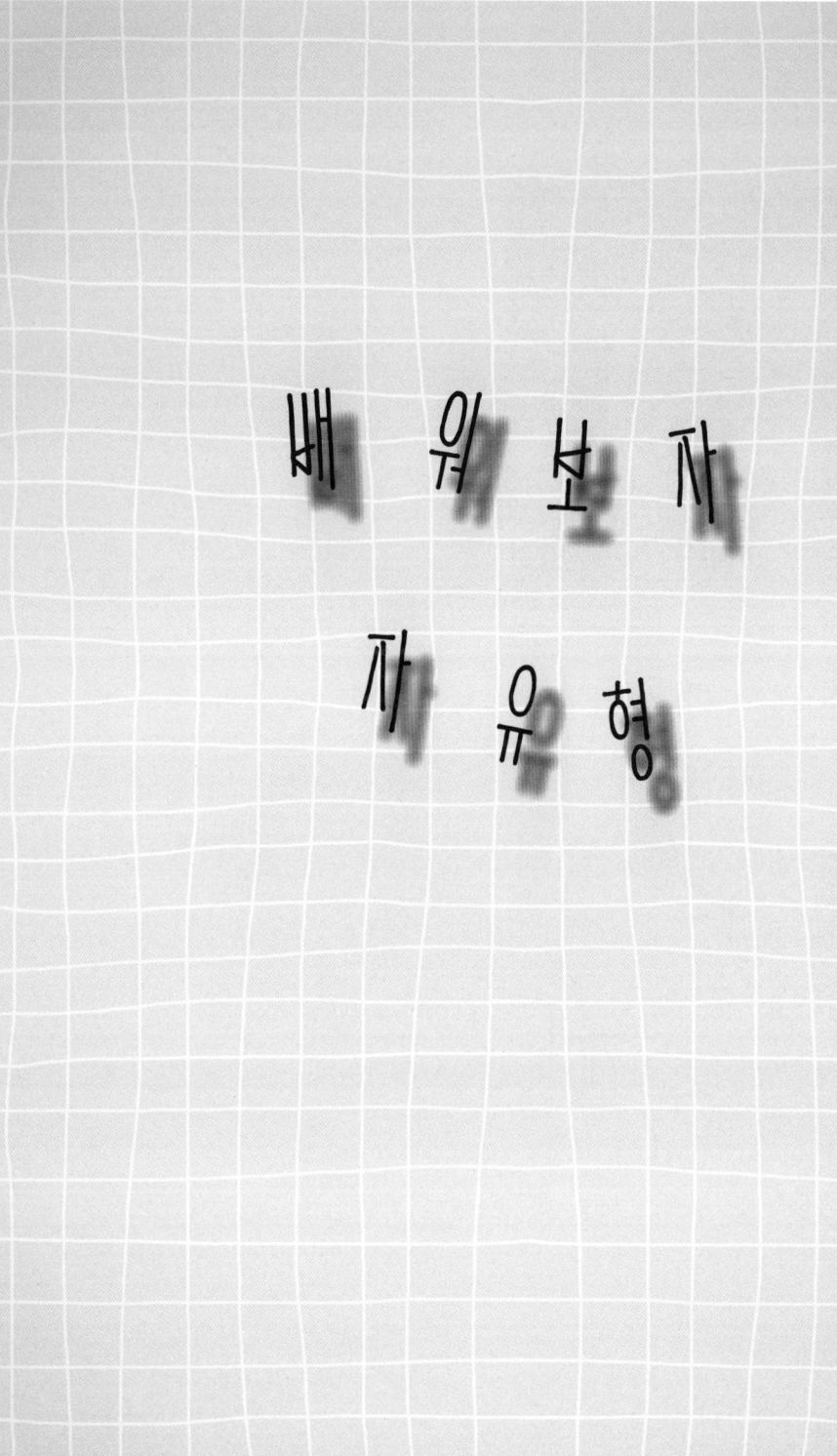

자유영? NO! 자유형!!

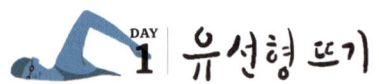

DAY 1 | 유선형 뜨기

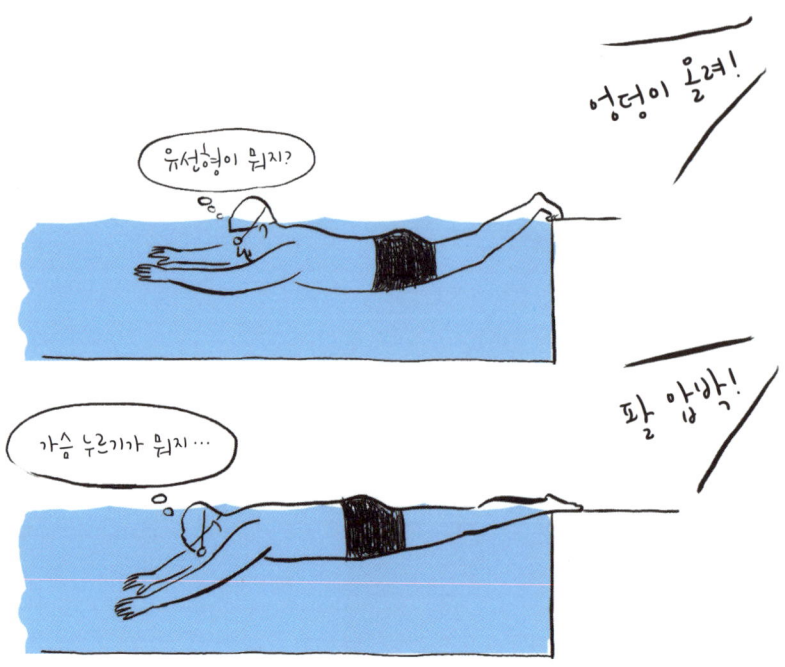

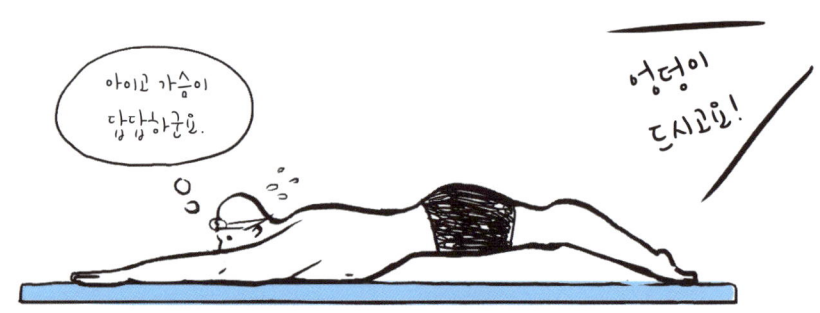

082

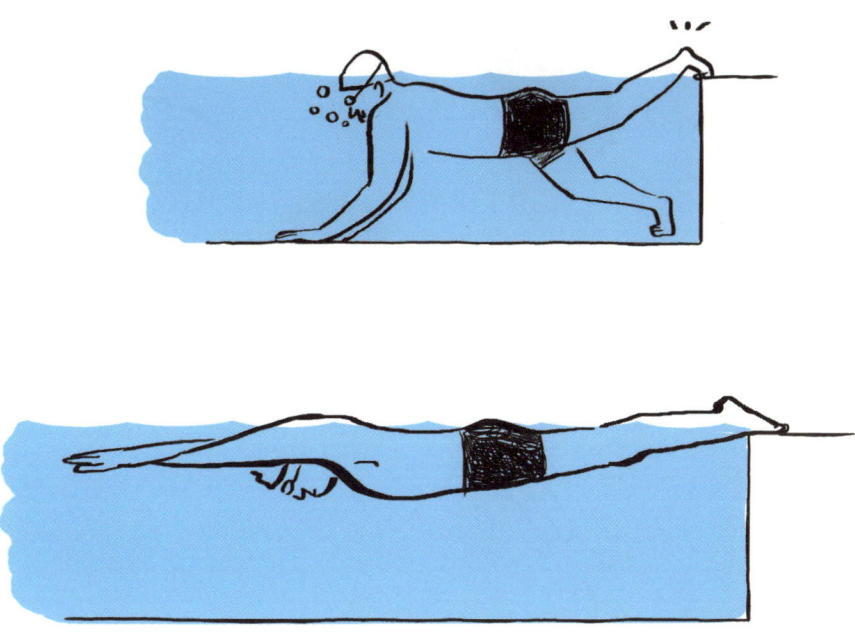

먼저 유아풀에서 유선형 뜨기를 연습합니다.

DAY 2 | 발차기

와! 빵이다

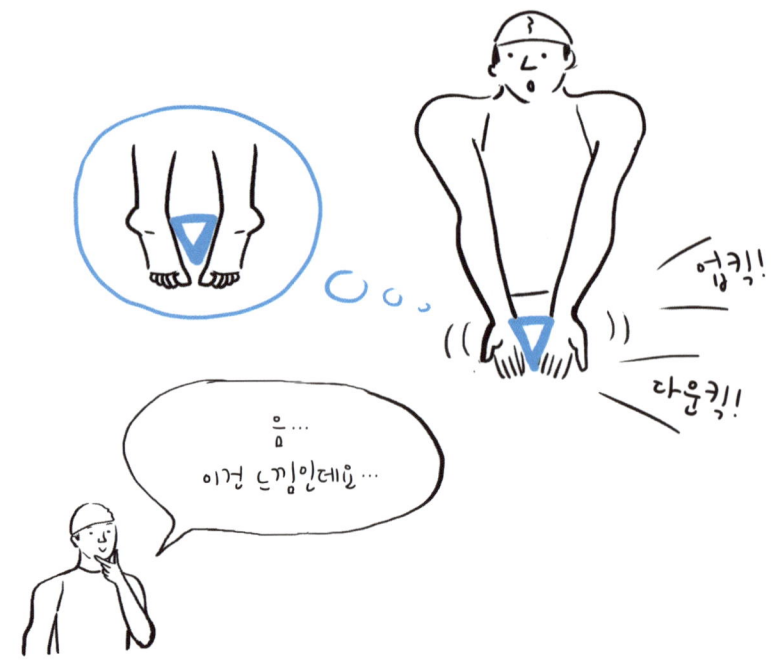

하얀 맥주거품 같은 발차기!

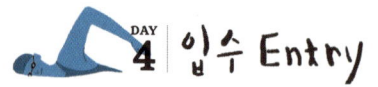

DAY 4 | 입수 Entry

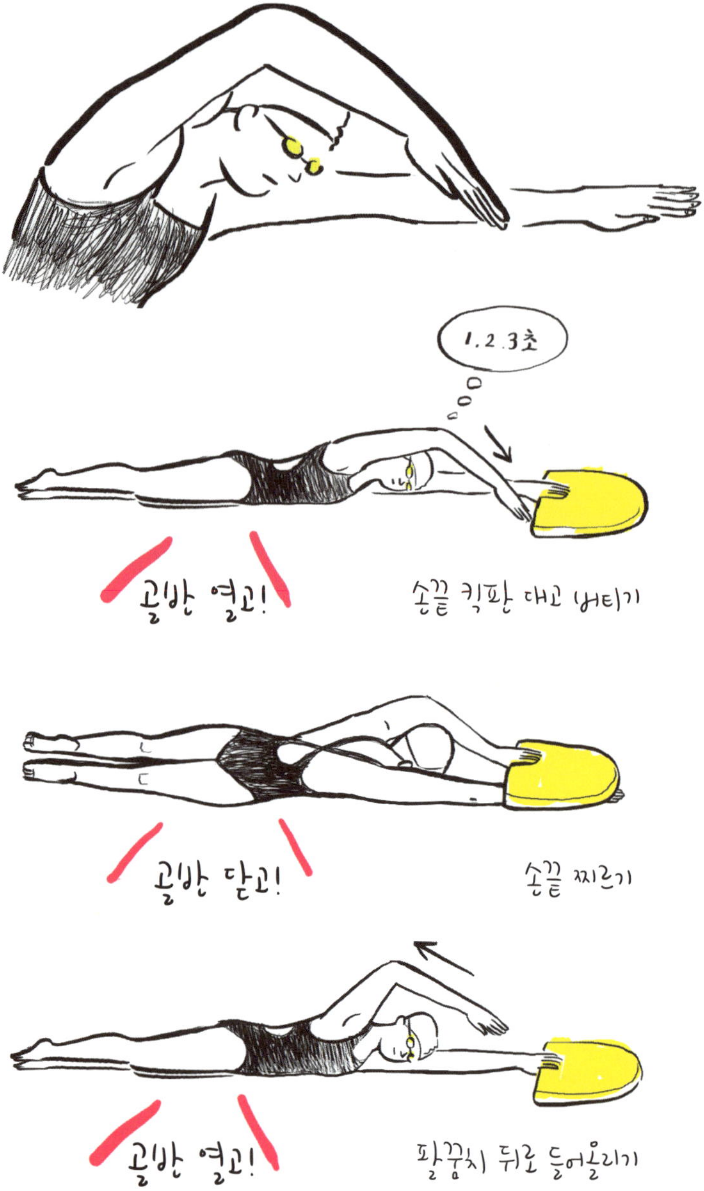

1,2,3초

골반 열고!   손끝 킥판 대고 버티기

골반 닫고!   손끝 찌르기

골반 열고!   팔꿈치 뒤로 들어올리기

DAY 5 | 밀기 push

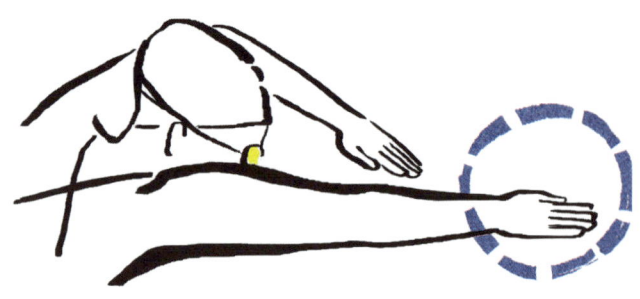

찔러

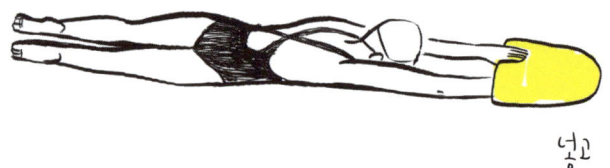

넣고

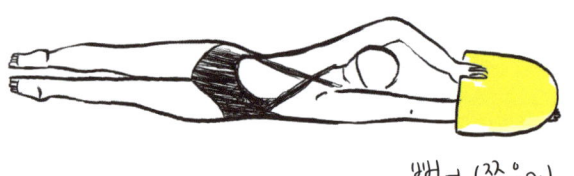

뻗어 (쭈욱~)

캐치 Catch

high elbow
하이 엘보

포크레인이 흙을 가득 담아 가듯이
나는 물을 한웅큼 잡아 간다네....

팔꿈치가 아래를
향하면 안 됨

손목은 구부리지 않기

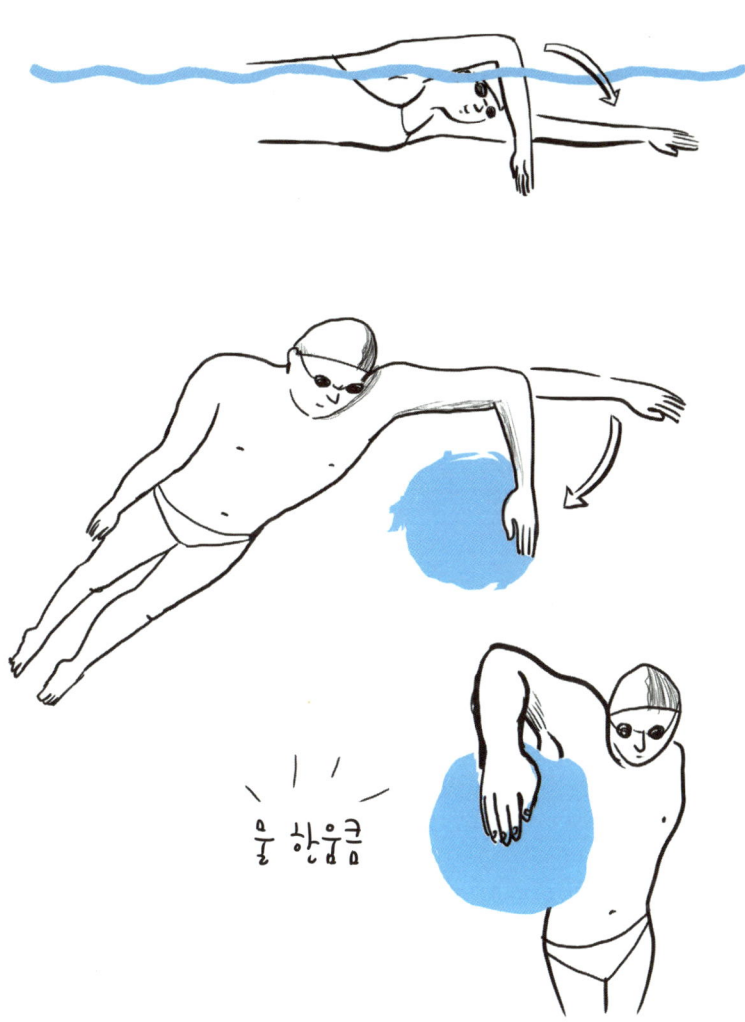

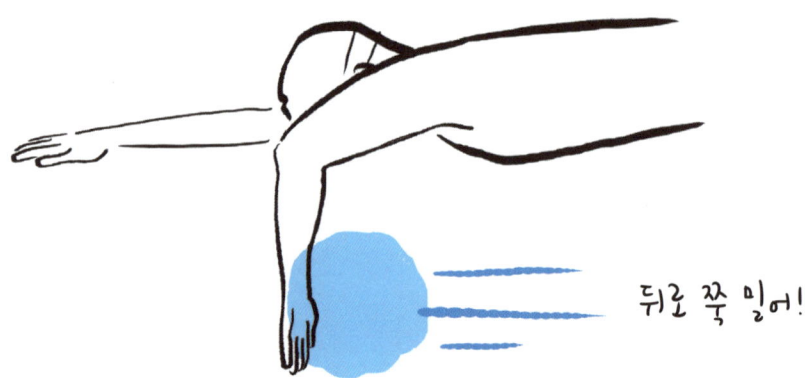

DAY 8 | 끝내기 Finish

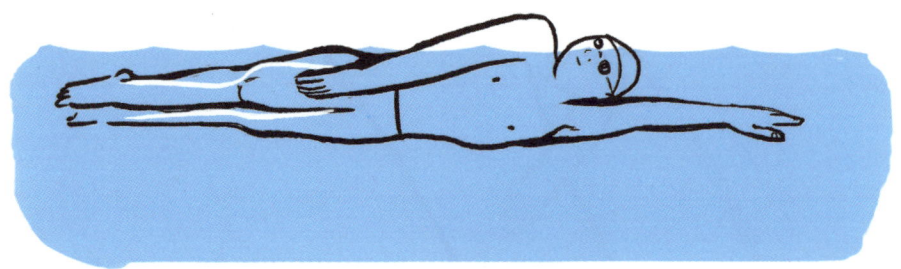

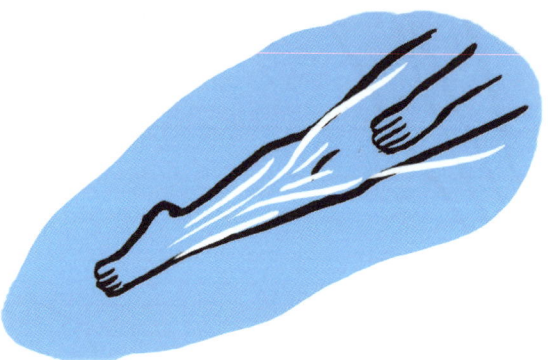

밀어낸 물이 무릎에 닿았다가
뒤쪽으로 계속 밀려나가는 느낌이 들어야 한다.

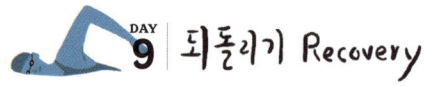

DAY 9 | 되돌리기 Recovery

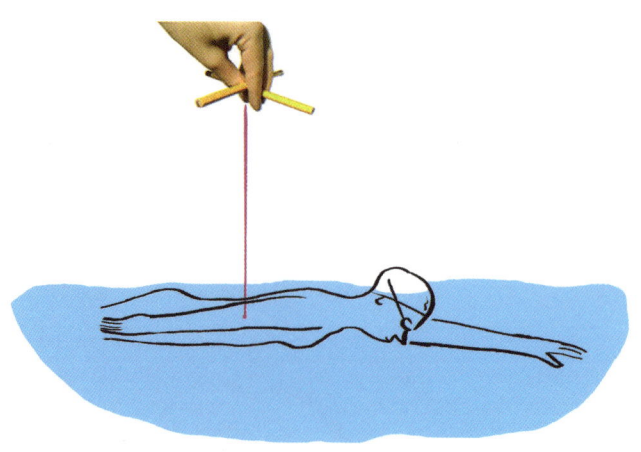

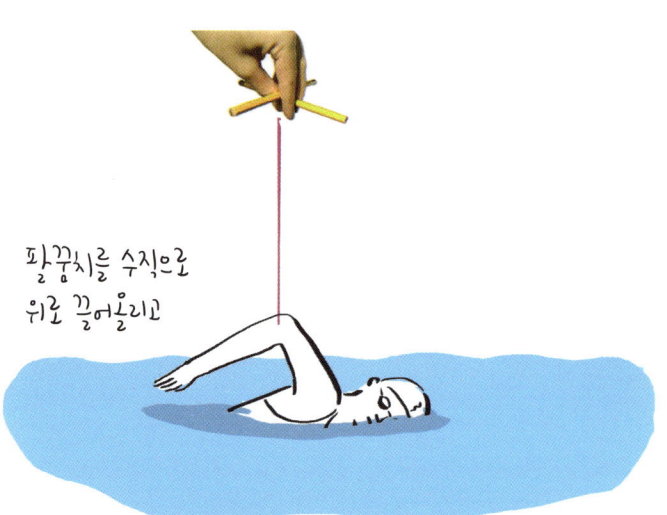

팔꿈치를 수직으로
위로 끌어올리고

집에서 연습하는 자유형 숨쉬기

세수를 마칠 때마다 하는 의식 같은…

수영장의 여름

여름이 왔어요

수영원정 1 - 바다

수영원정 2 - 계곡

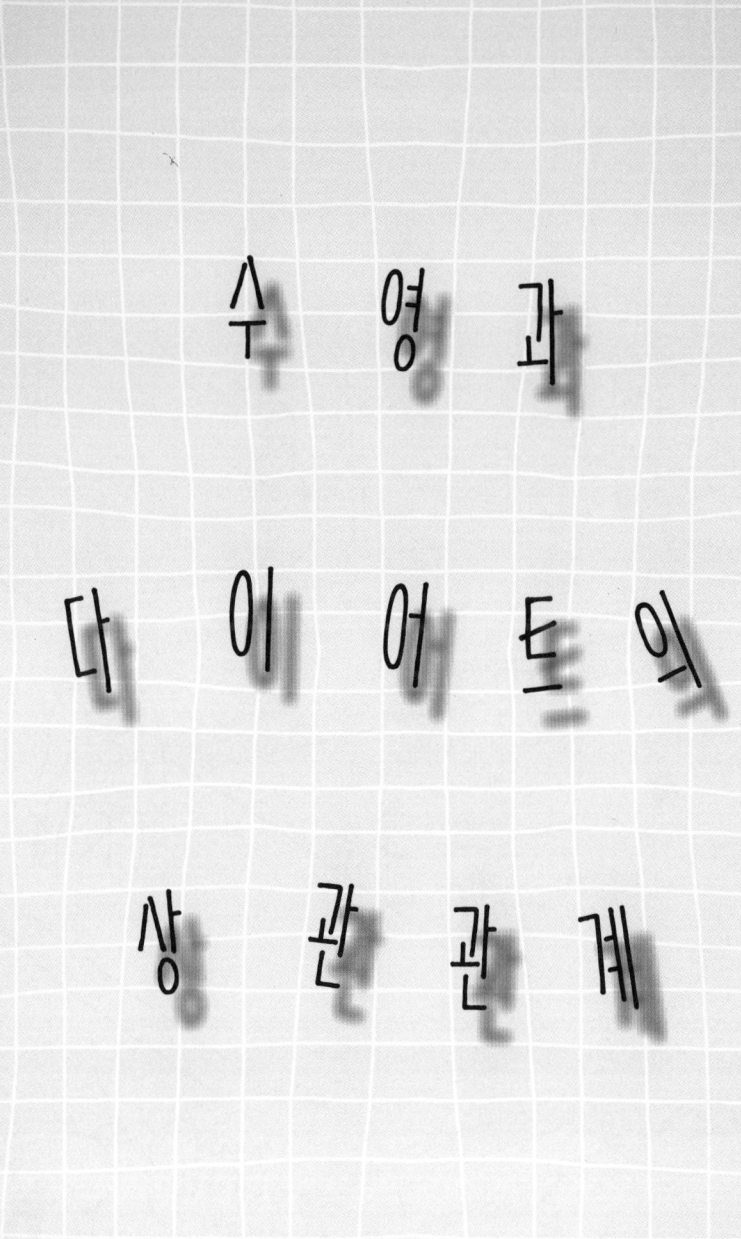

치킨 7조각의 칼로리

지금 아이스크림을 먹어야 하는 이유

동기 부여

내일도 수영을 해야 할 동기를 나에게 부여한다.

충전 중...

수영은 엄청난 칼로리를 소모하는 운동입니다…!

요리 보고 죠리 보고

수영을 하면 살이 빠지나요

빠진 것 같기도 하고 아닌 것 같기도 하고

나는 그냥 전보다 더 건강해진걸로...

배영 이야기

배영은 배가 보여서 배영인가

 # DAY 1 | 뜨기

물에 귀 잠기고

턱 당기고

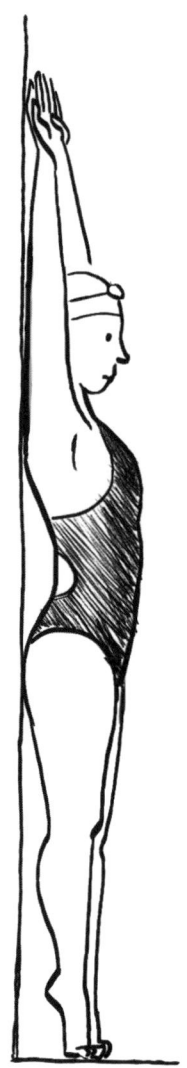

벽에다 어깨와 엉덩이를
밀착시키고
몸을 맞추어보세요.

DAY 2 | 킥

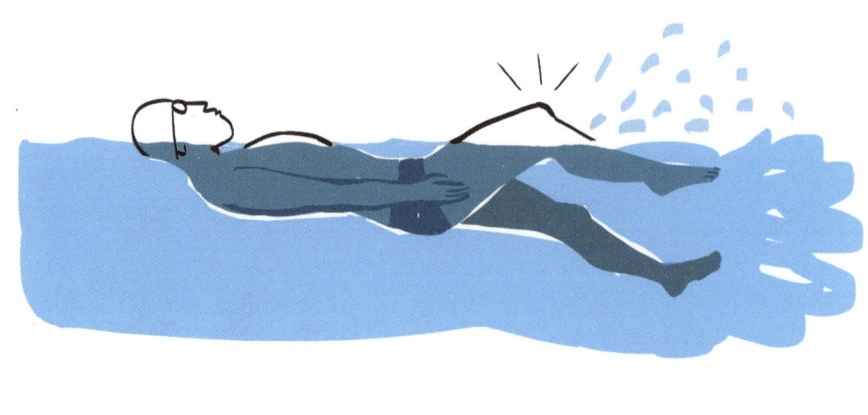

×

우와! 배영 발차기 잘한다!

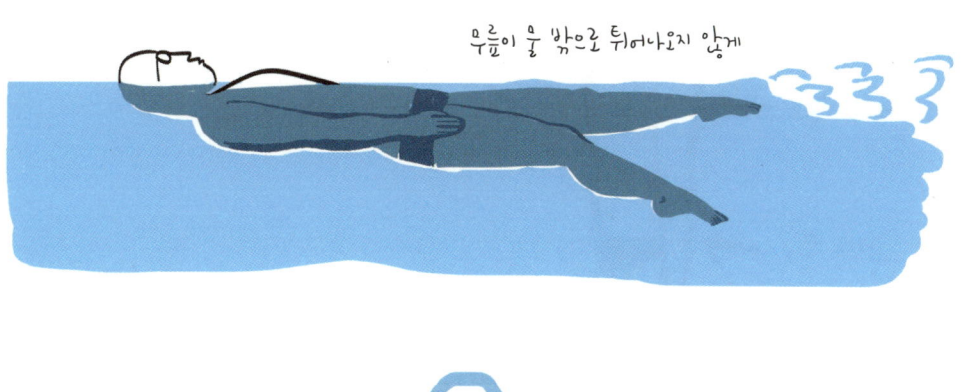

DAY 3 | 롤링 킥

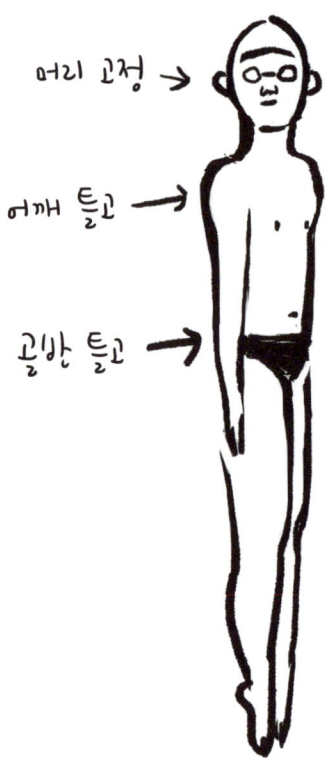

머리 고정 →
어깨 틀고 →
골반 틀고 →

목에 힘솟았다고
생각해봐

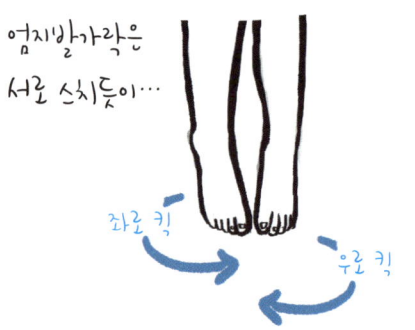

엄지발가락은
서로 스치듯이…

좌로 킥   우로 킥

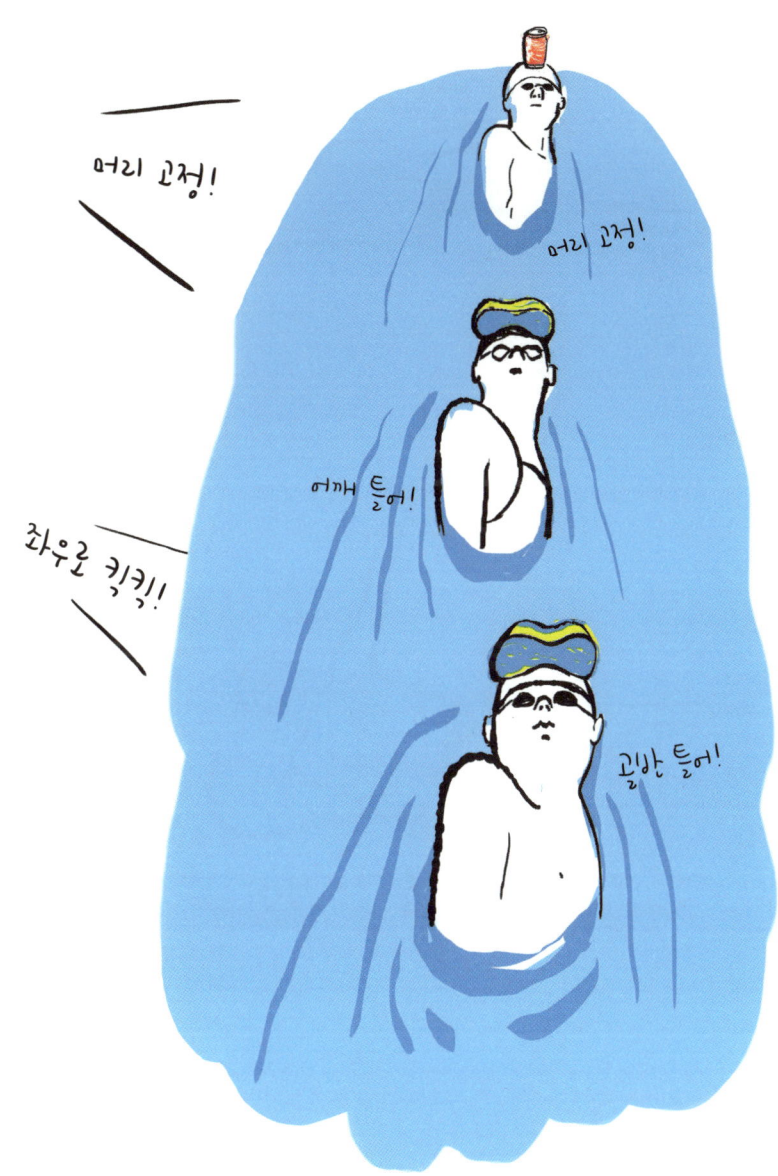

팔 동작

1

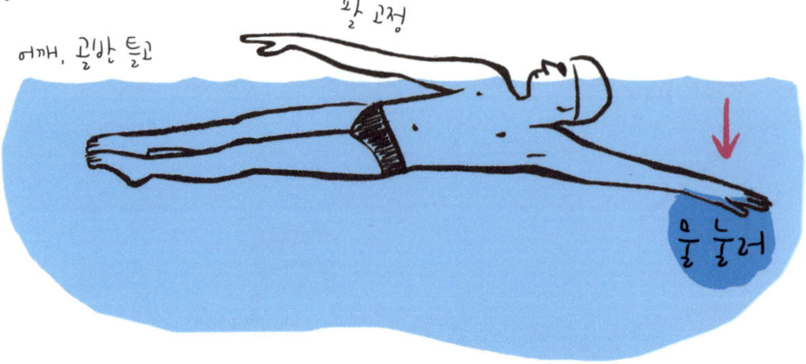

어깨, 골반 틀고   팔 고정

물 눌러

2

물 잡아 밀어

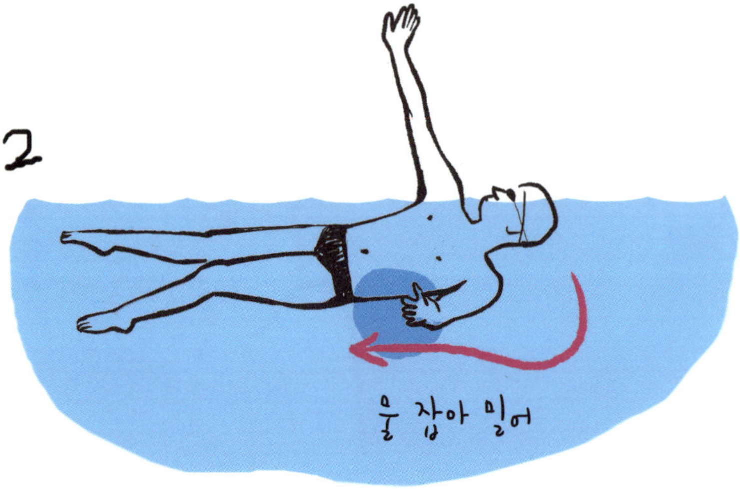

3

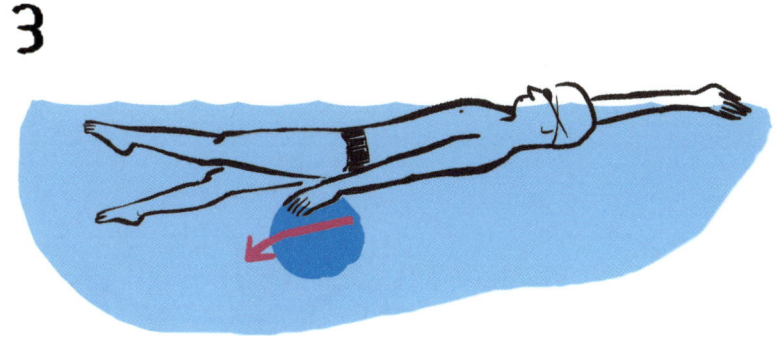

물을 밀어내세요

찔릴세라 찌를세라 1

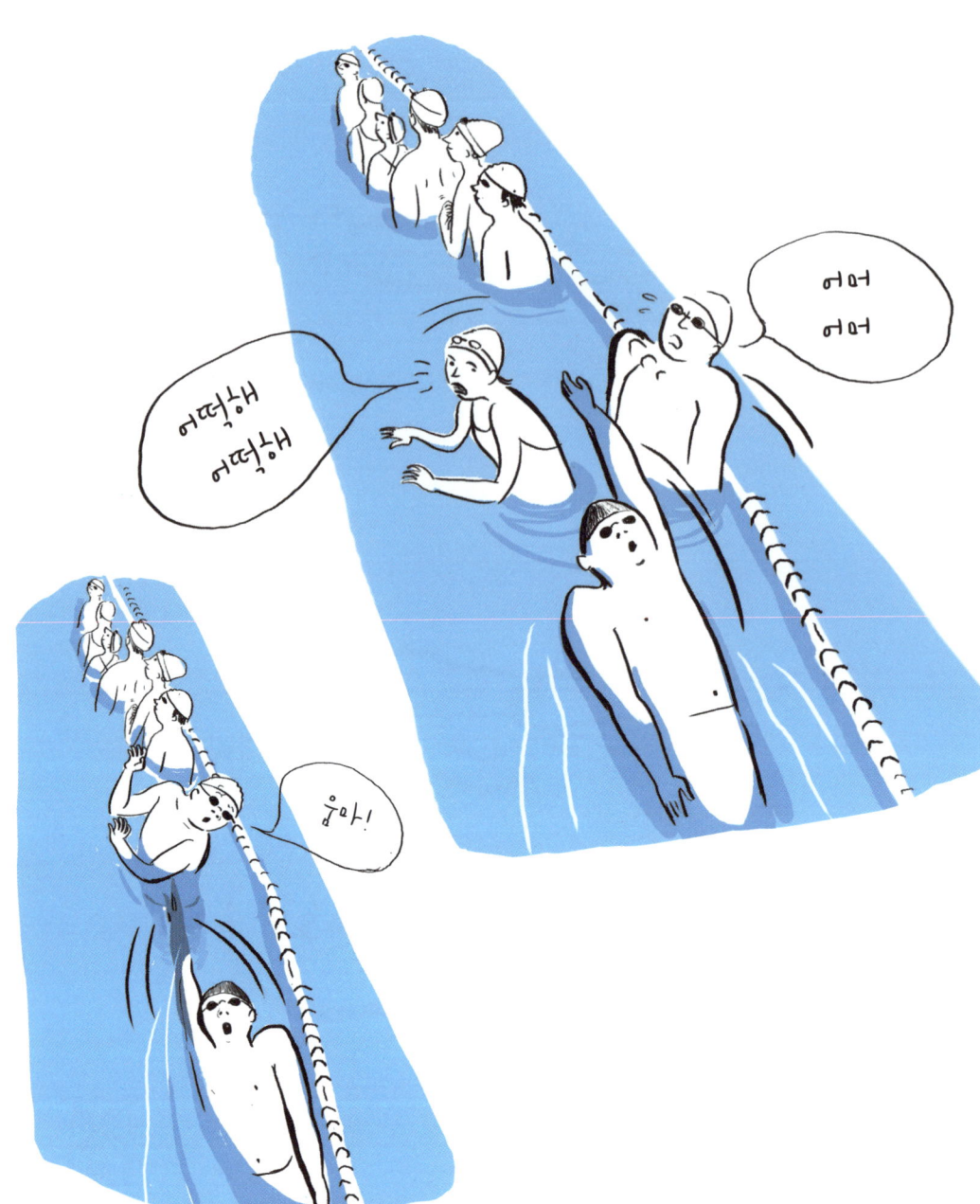

찔릴세라 찌를세라 2

찔릴세라 찌를세라 3

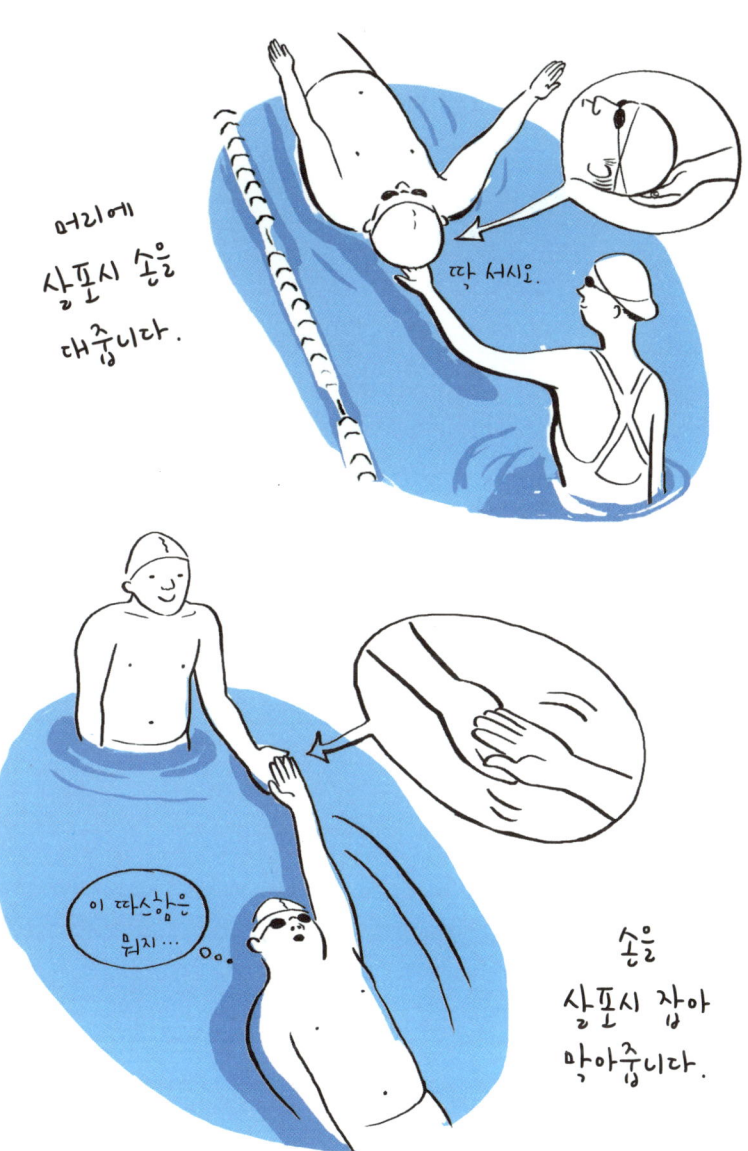

수영장 사람들

매달 첫째주, 25m 레인은 의욕적인 수강생들로 인산인해를 이룬다.

인산인해

동물의 왕국 - 펭귄편

샤워실 풍경

아줌마

가끔은 때밀이가 쓰고싶어진다. 그러던 어느날.

바쁜 아침 헤어드라이어

내가 안 보이나…?

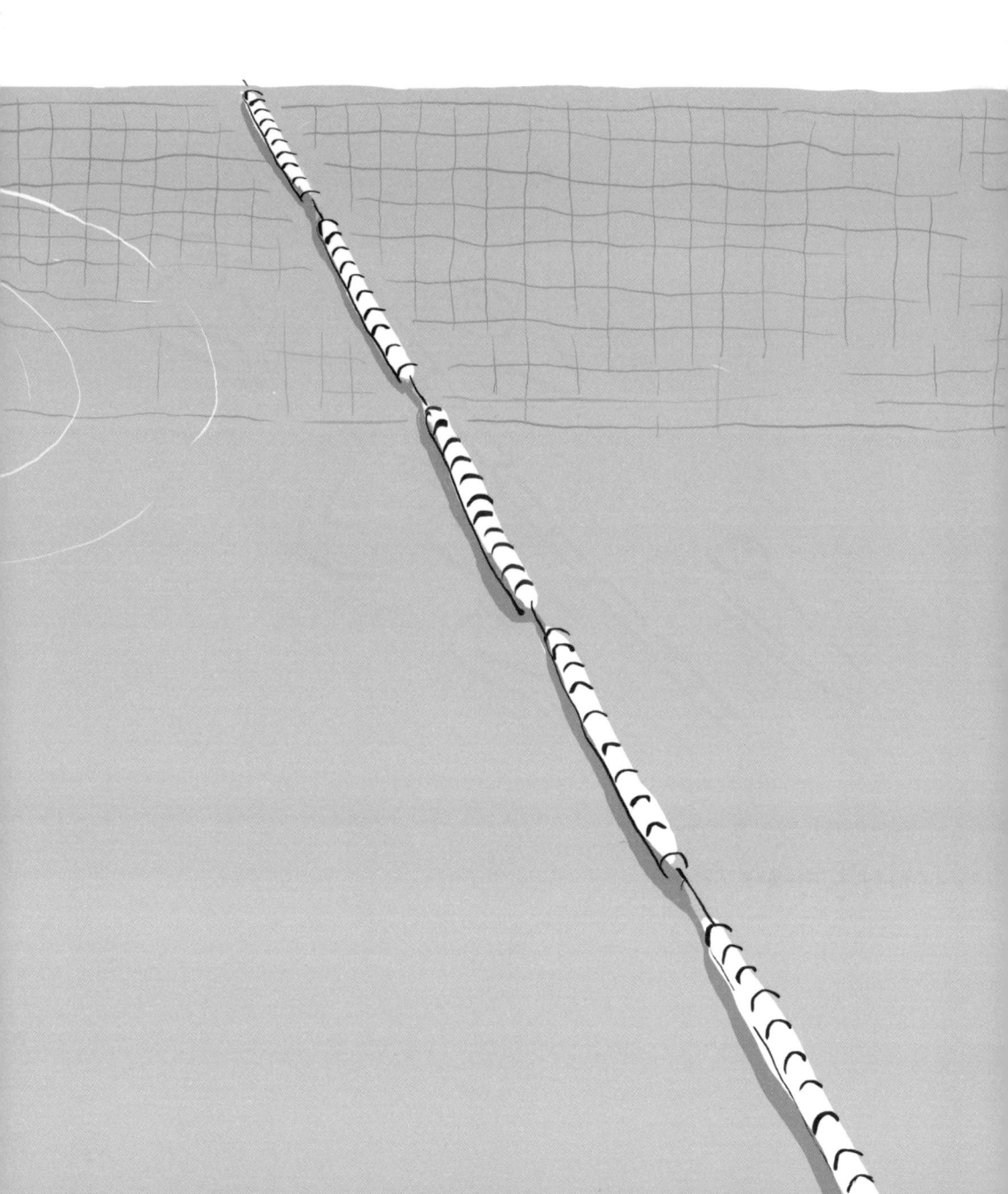

레인 1

위에 떠 있는 줄 하나로
확실한 경계가 생긴다.

하지만 조금 더 가까이 들여다보면…

레인 2

수업이 끝나고 모두 모여 인사를 나눌 때쯤…

옆 레인 사람의 등짝에 앉게 되었다.

샤워는 필수

슬럼프

슬럼프에 빠지면 모든 감흥이 둔해진다.

수영 후에 느끼던 상쾌함도
자세가 좋다는 칭찬도
유튜브를 찾아보던 열정도
모두 무덤덤...

☆ 슬럼프를 극복하는 비결 ☆

1. 새 장비를 갖춘다.
   → 249쪽을 보시오.

2. 예쁜 수영복을 산다.
   → 254쪽을 보시오.

그것도 안 되면,
스스로 극복이 될 때까지
그냥 숨쉬듯이 무덤덤 수영을 한다.

1번의 고충 1

1. 너무 빨라서도 너무 느려서도 안 된다.

1번의 고충 2

1번의 고충 3

그리고
무엇보다…

3. 말귀를 잘 알아들어야 한다.

첫 회식

수영을 다니고 처음으로 회식을 했다.

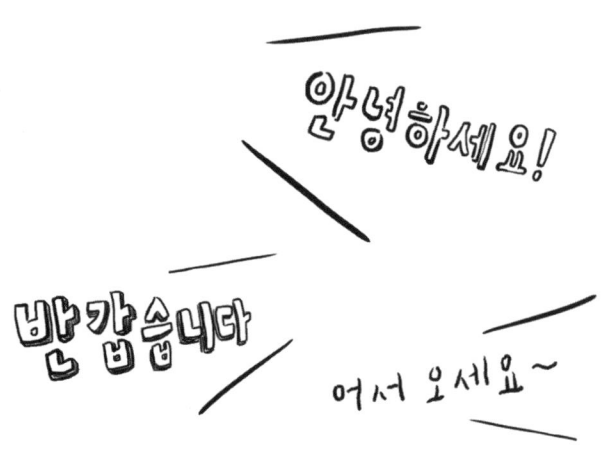

안녕하세요!

반갑습니다

어서 오세요~

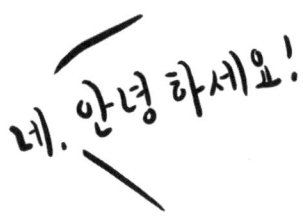

네, 안녕하세요!

수영장에서 매일같이 보는 사이지만

누구시더라?
낯익은 듯 낯설다.

상급반 회식

분위기에 휩쓸려…

평영의 신

(평영의) 신의 놀이

하나! 훅!
하나! 훅!...

뿅! 뿅!

 **DAY 1 | 뜨기**

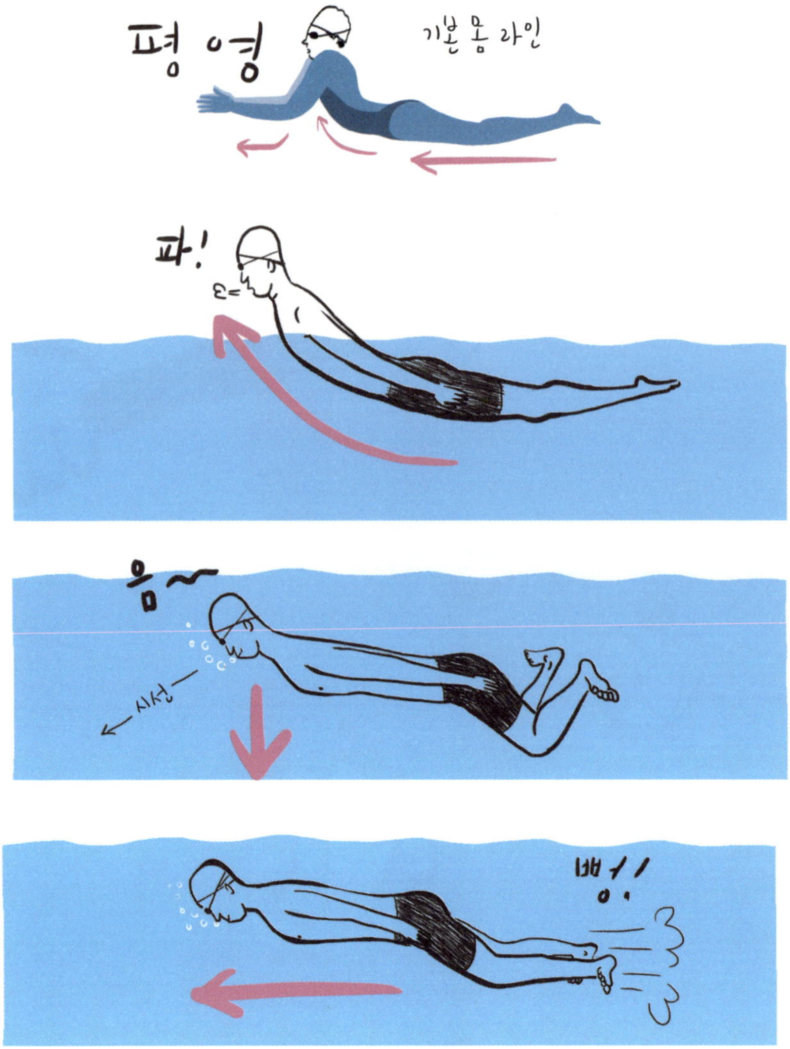

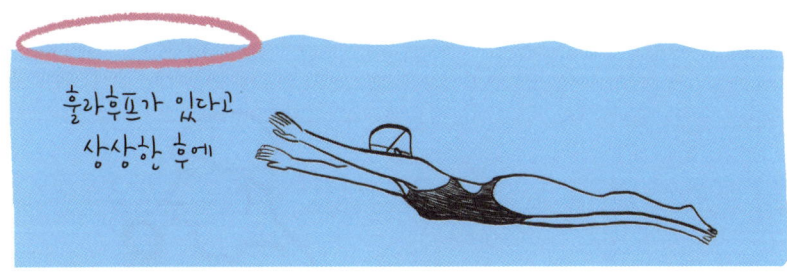

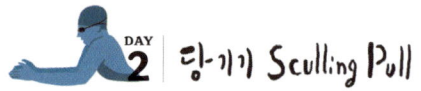# DAY 2 | 당기기 Sculling Pull

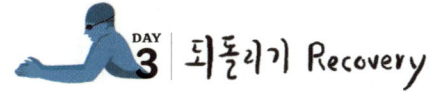# 되돌리기 Recovery

하나, 훅! 하나, 훅!

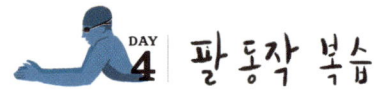 팔 동작 복습

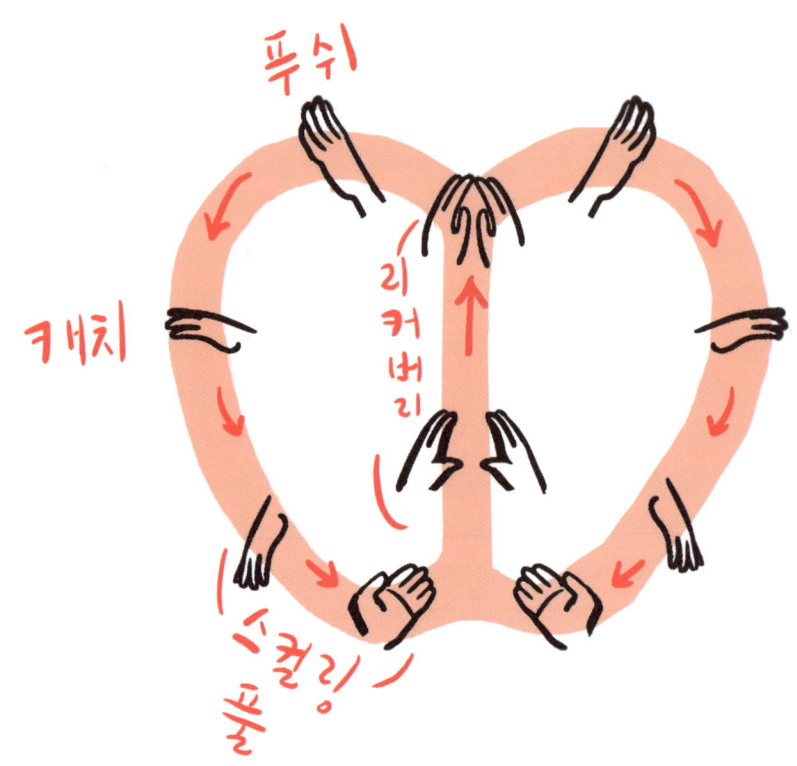

사과 쪼개기

좁은 길을 통과하는 기분으로…

평영의 신 1

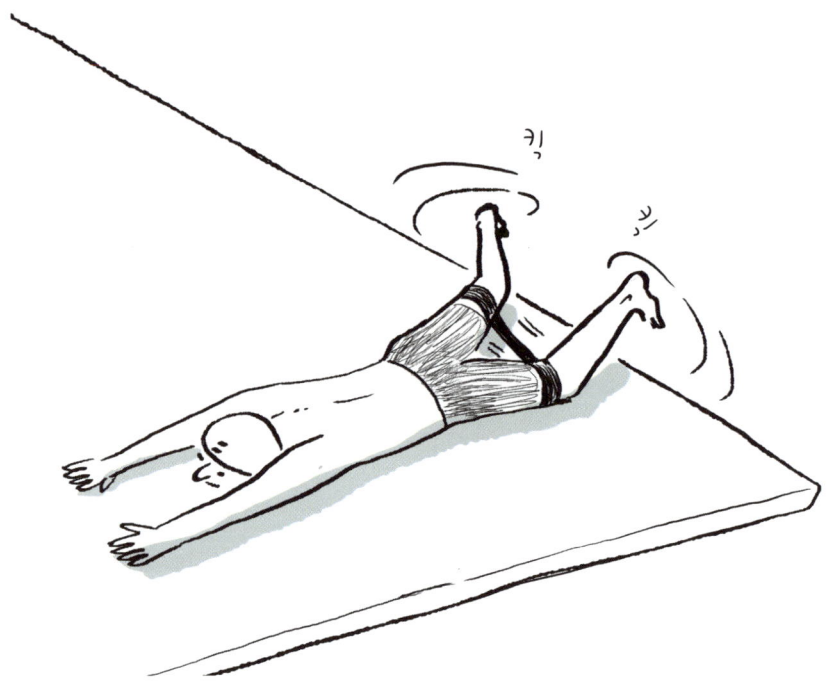

평영의 신 2

나는 언제쯤
상급반이 될 수 있을까

상급반 vs. 초급반

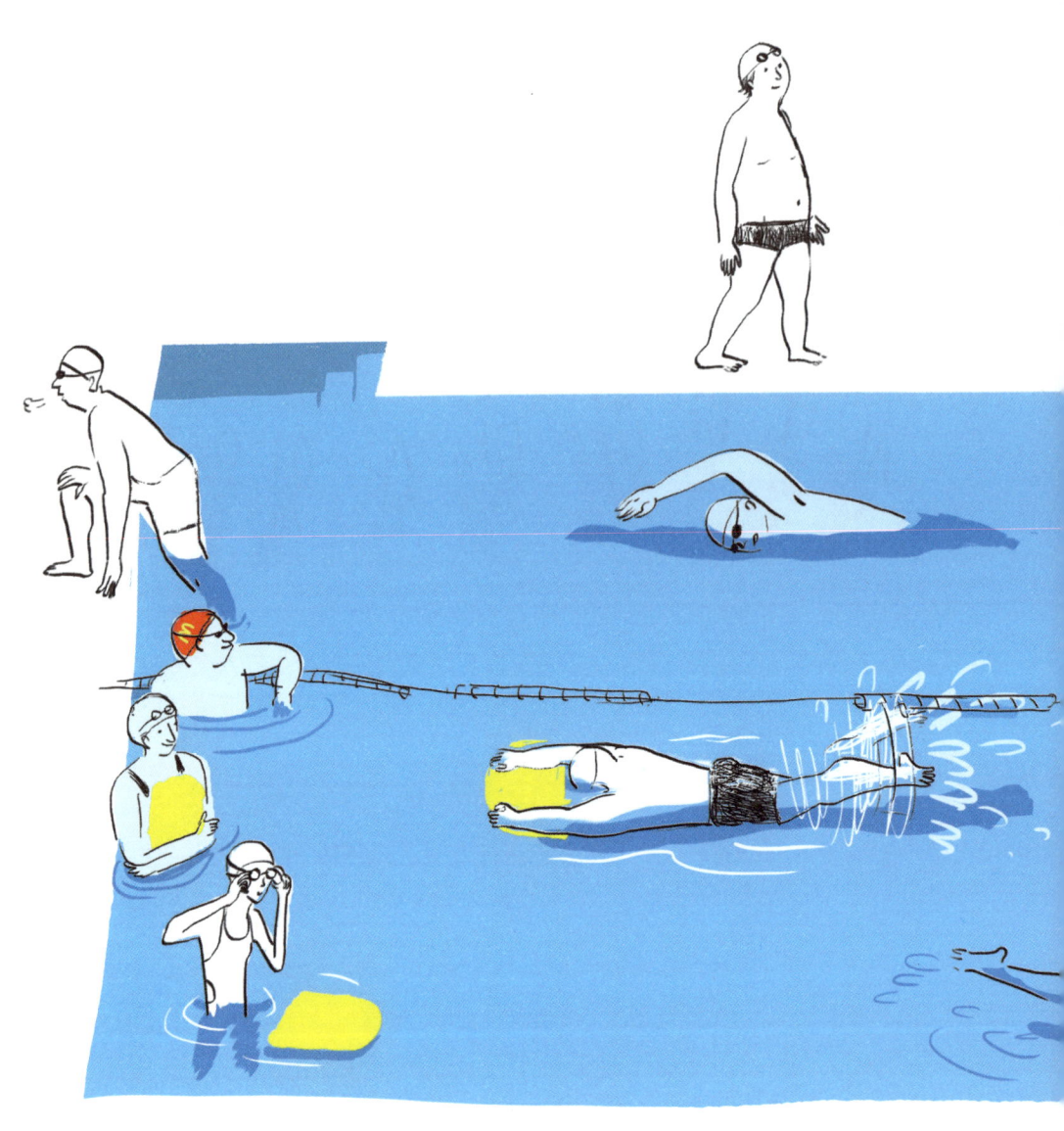

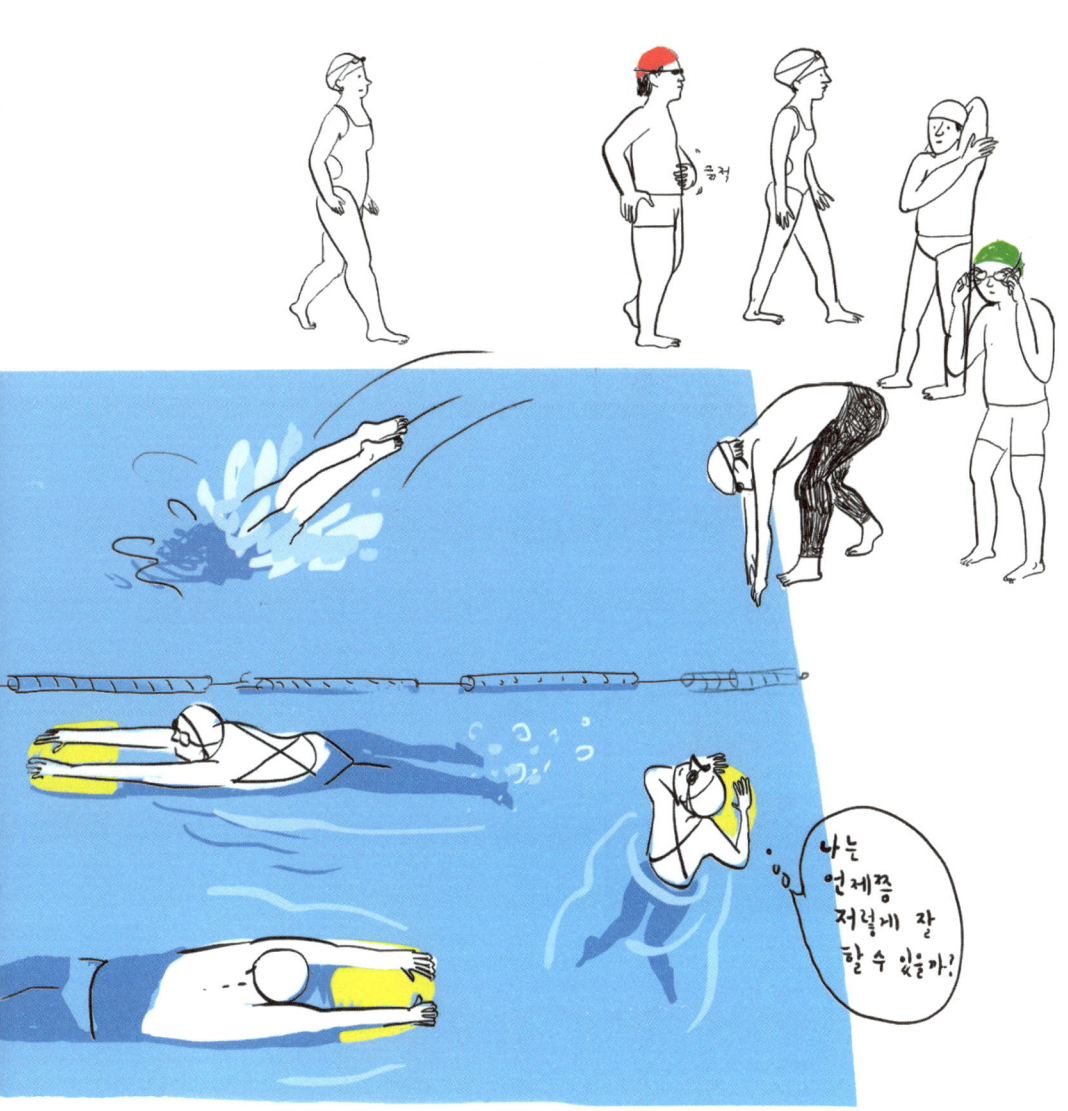

몇 년이 걸릴까?

상급자가 알려주는 퇴수의 요령

제자리 점프

잠수

높이 점프

허리 돌리고

짜잔☆ 손 돌리고

고수의 조언

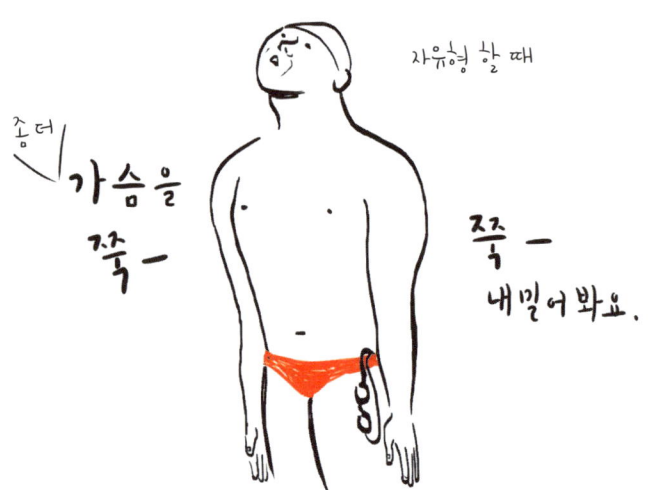

수경이 자꾸 벗겨져요

펠프스의 비법

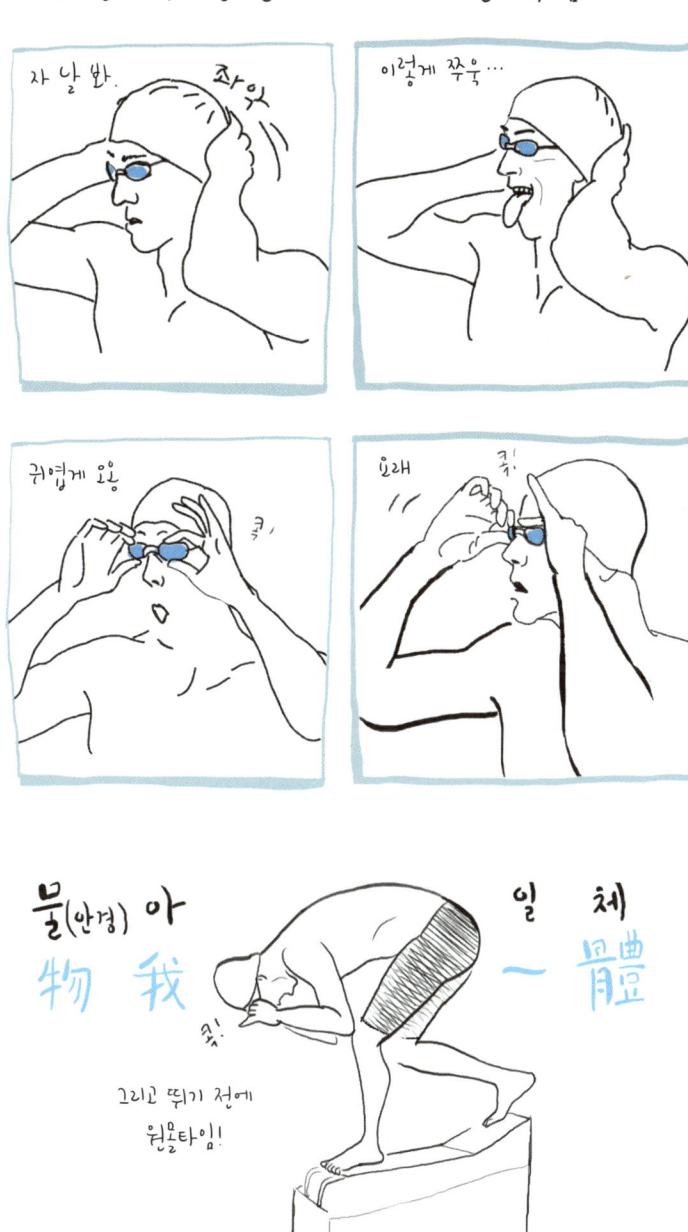

수영스타그램

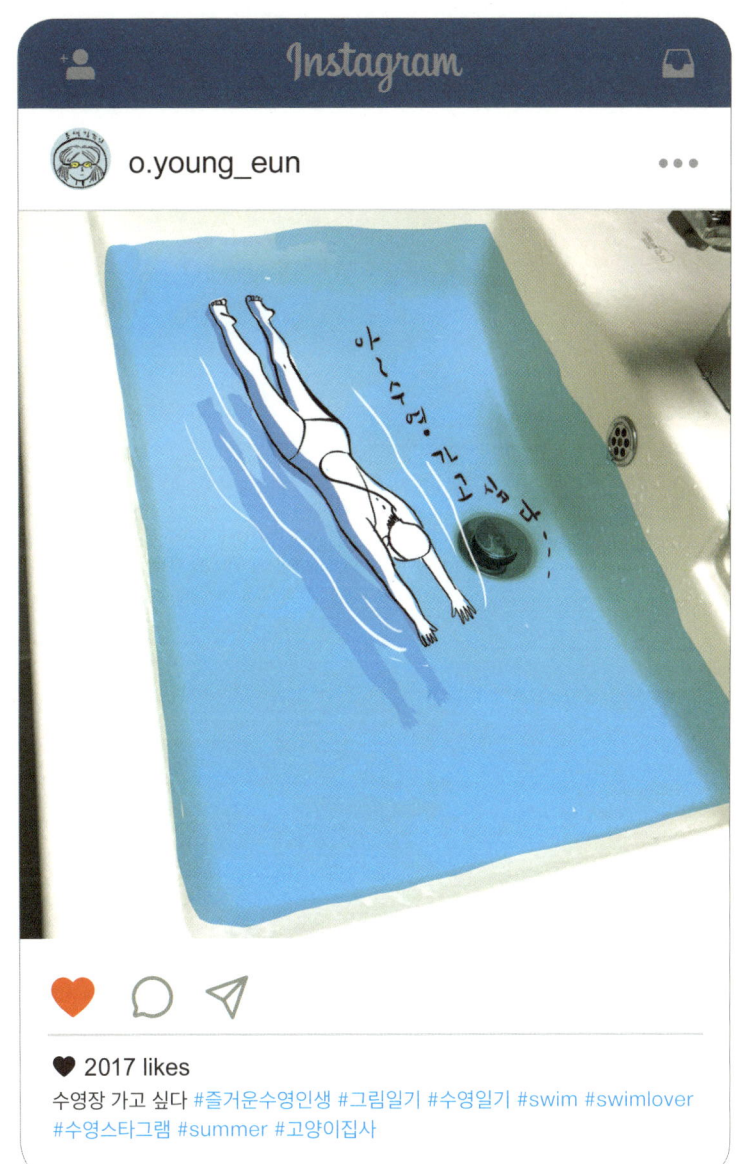

아짜 아짜 접영

접영의 기초는 물타기

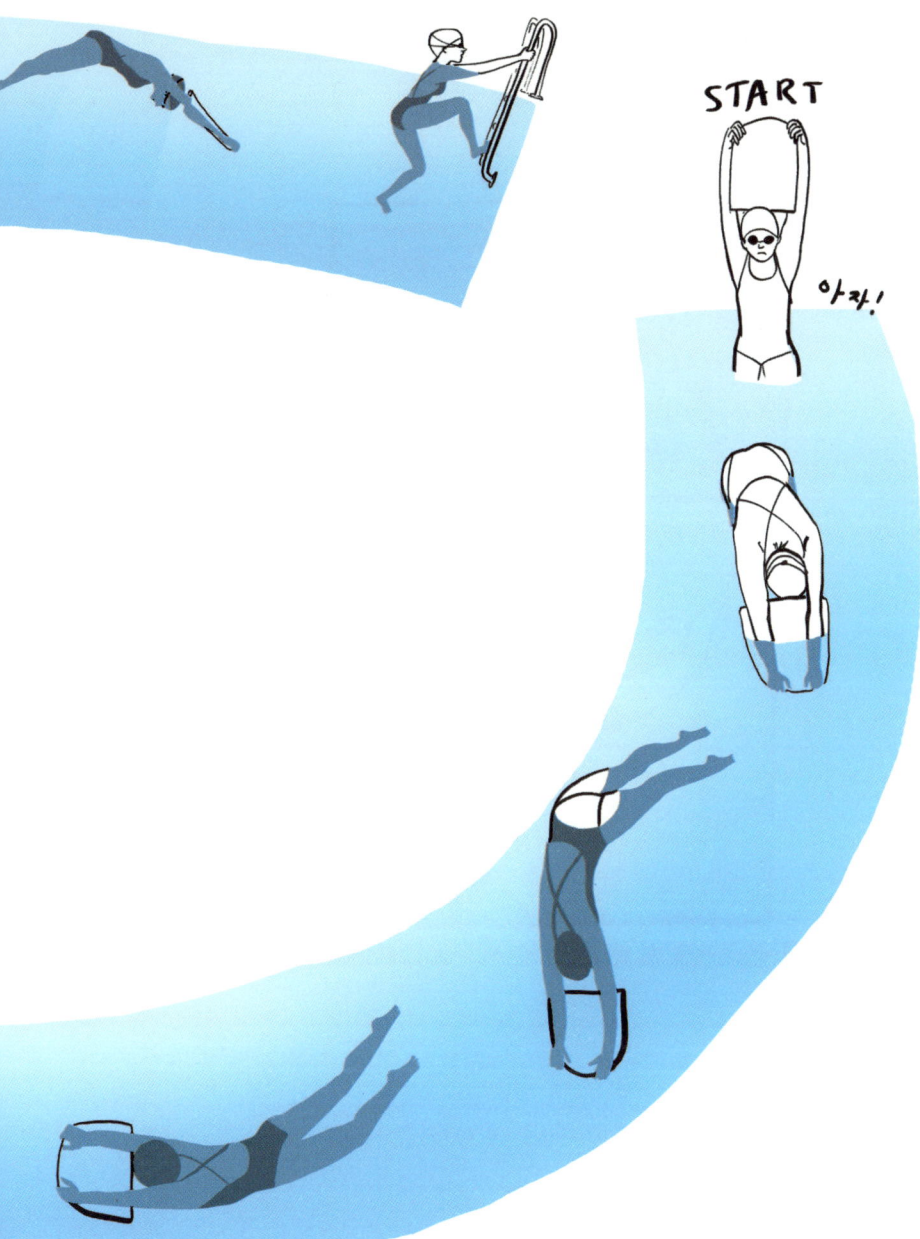

DAY 1 | 물구나무서기

발가락 끝 보기

쏭~ 들어가봐

바닥 짚고
발 하늘 위로

들어가야 해!

나가!

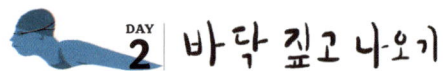

DAY 2 | 바닥 짚고 나오기

 낮게 멀리

DAY 4 | 미사일 호흡

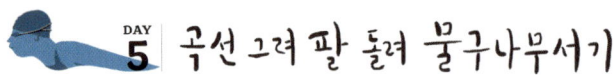# 곡선 그려 팔 돌려 물구나무서기

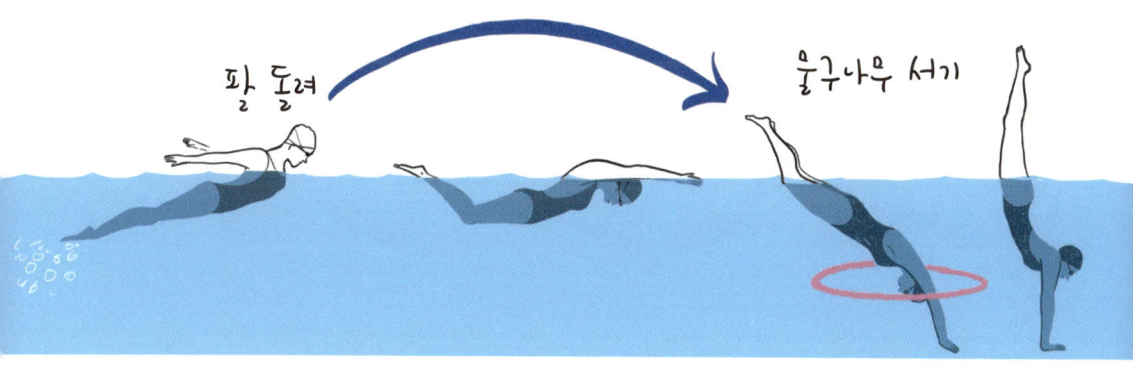

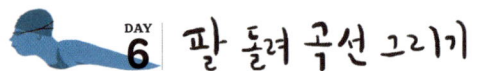# DAY 6 | 팔 돌려 곡선 그리기

DAY 7 완성

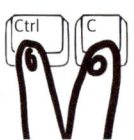

접영완성

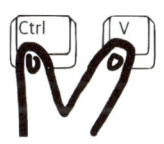

도긴개긴

나 접영하는 여자야

물에 젖은 나비

수영의 완성은

아이템

-

나도

패셔니水타

귀에 물이 들어갔을 때 대처하는 법

그래서 귀마개를 샀다

안티포그 1

안티포그 2

이것이 안티포그. 물안경에 서리는 김을 방지해준다.

안티포그 3

오늘의 득템

8자 패들

팔의 각도를 조정해주니
물을 제대로 잡을 수 있겠는걸.

오호~ 좋은데.

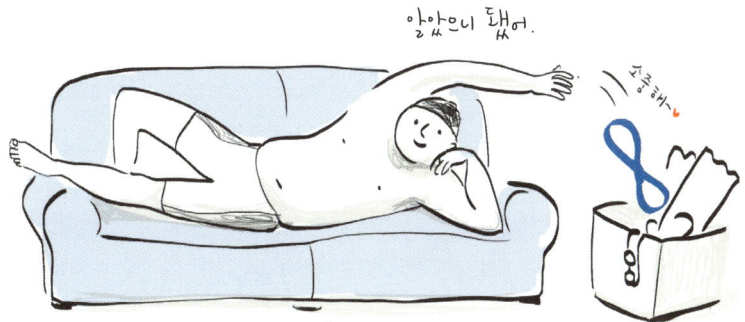

알았으니 됐어.

기능을 알았으니 언젠가 요긴하게 쓰일 거야.

수영인의 잇템 - 오리발 가방

라고 말은 했지만 좀 나는 것 같다.

네일아트

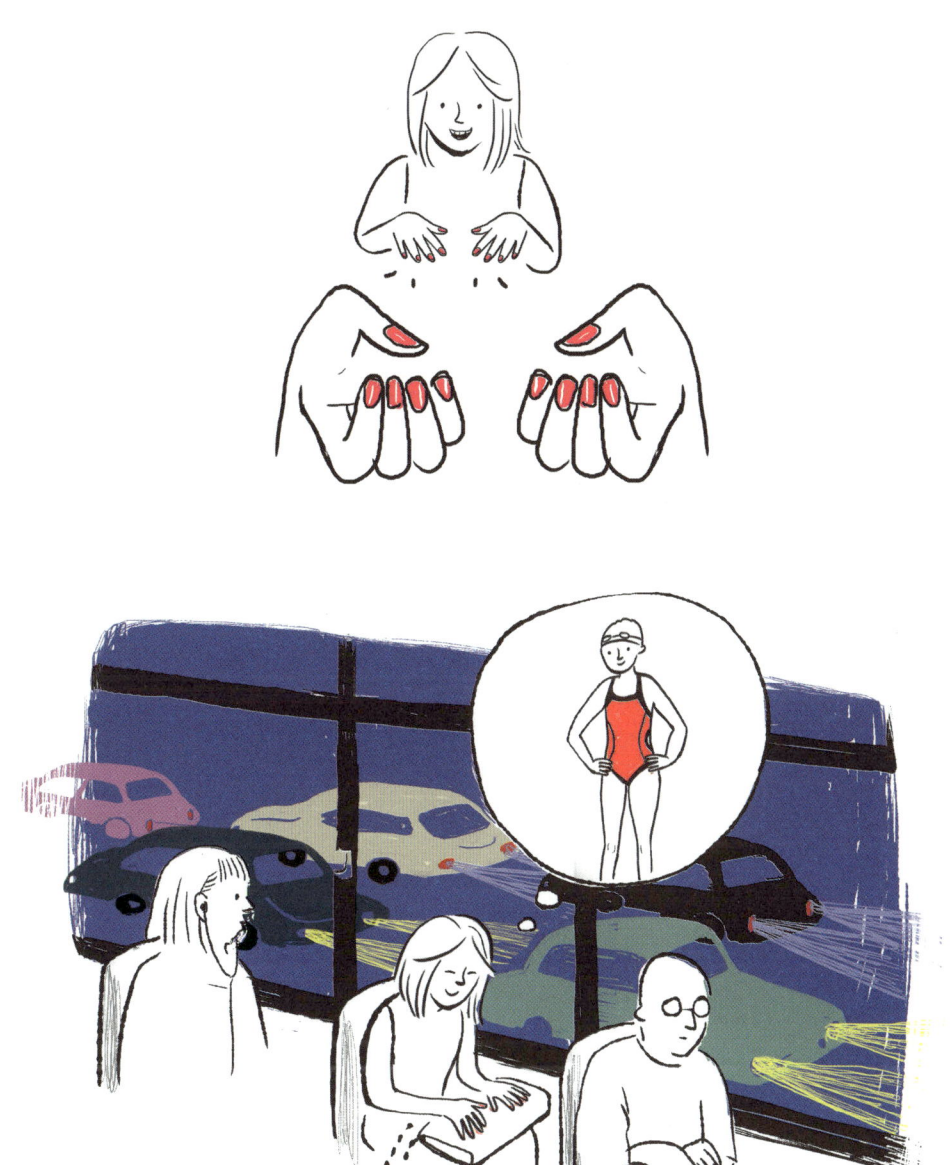

수영복과 잘 어울리겠어

수영복 고르기

동네 수영장 런웨이

새 수영복 개시

오 세일!

드디어 기다리던 택배가 오고.

나에게 어울리는 거 같아.

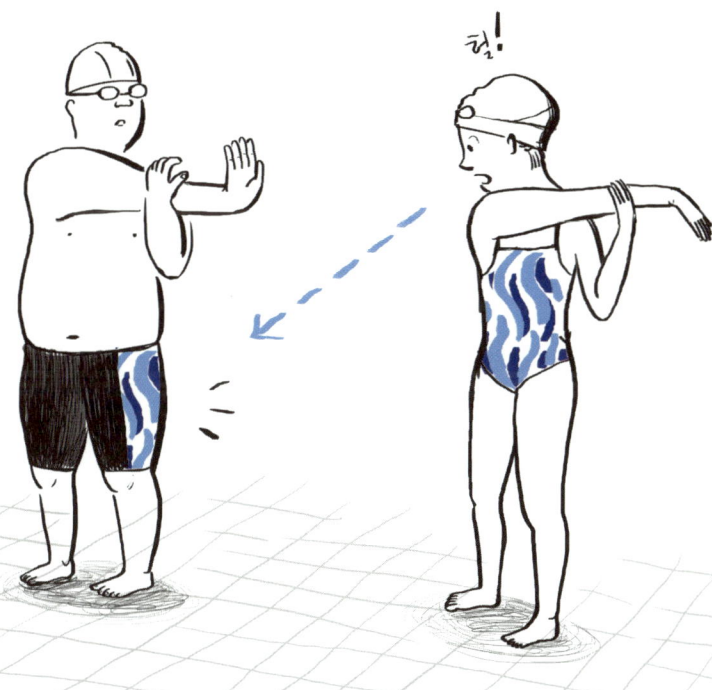

라커 키 보관법

신체발부 수지부모형
소중한 내 몸의 일부인 듯 몸에서 분리하지 않고 몸과 하나되게 보관함.

보아뱀형
뱀이 코끼리를 삼키듯 수모 속에 넣어버림.

레인 고리형
처음 놓은 사람에게 독점권이
부여되는 것처럼 보임.

파놉티콘형
잘 보이는 곳에 던져두어 언제라도
눈으로 확인할 수 있게 함.

청하태평형
설마 없어지겠어... 하며
맘 편하게 샤워실에 두고 옴.

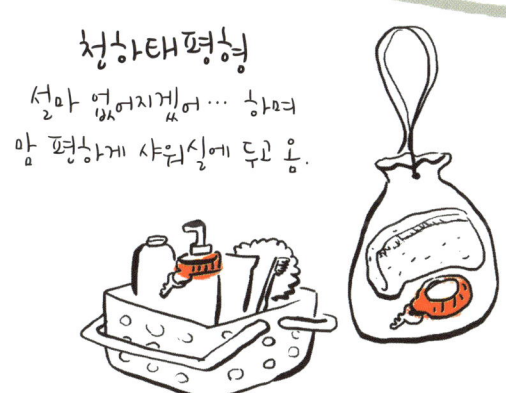

전 다 해봤어요!

스타트와 턴

일주일의 시작

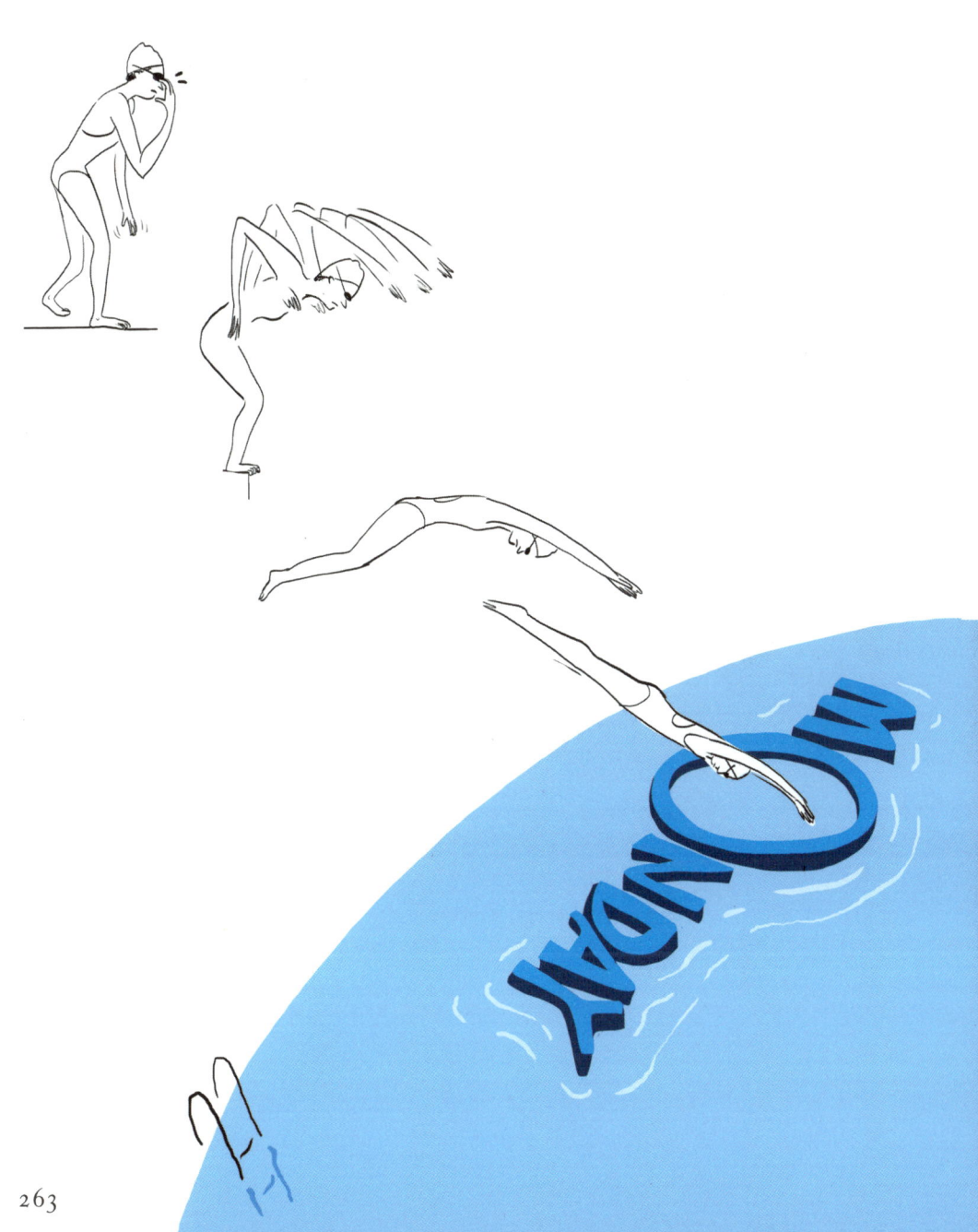

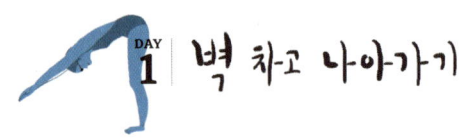
DAY 1 | 벽 차고 나아가기

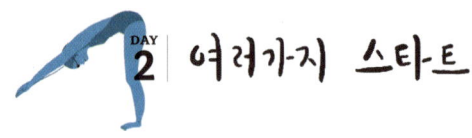

DAY 2 | 여러가지 스타트

앉아서 스타트

무릎 꿇고 스타트

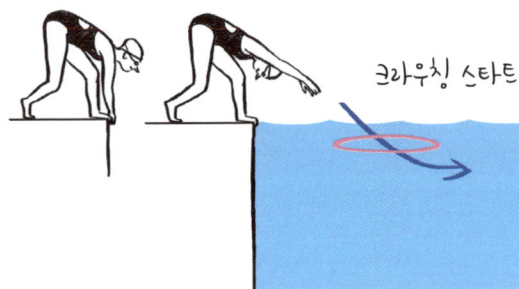

크라우칭 스타트

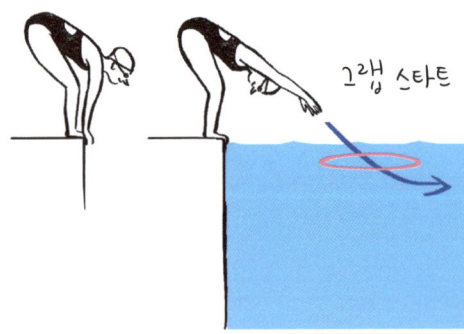

그랩 스타트

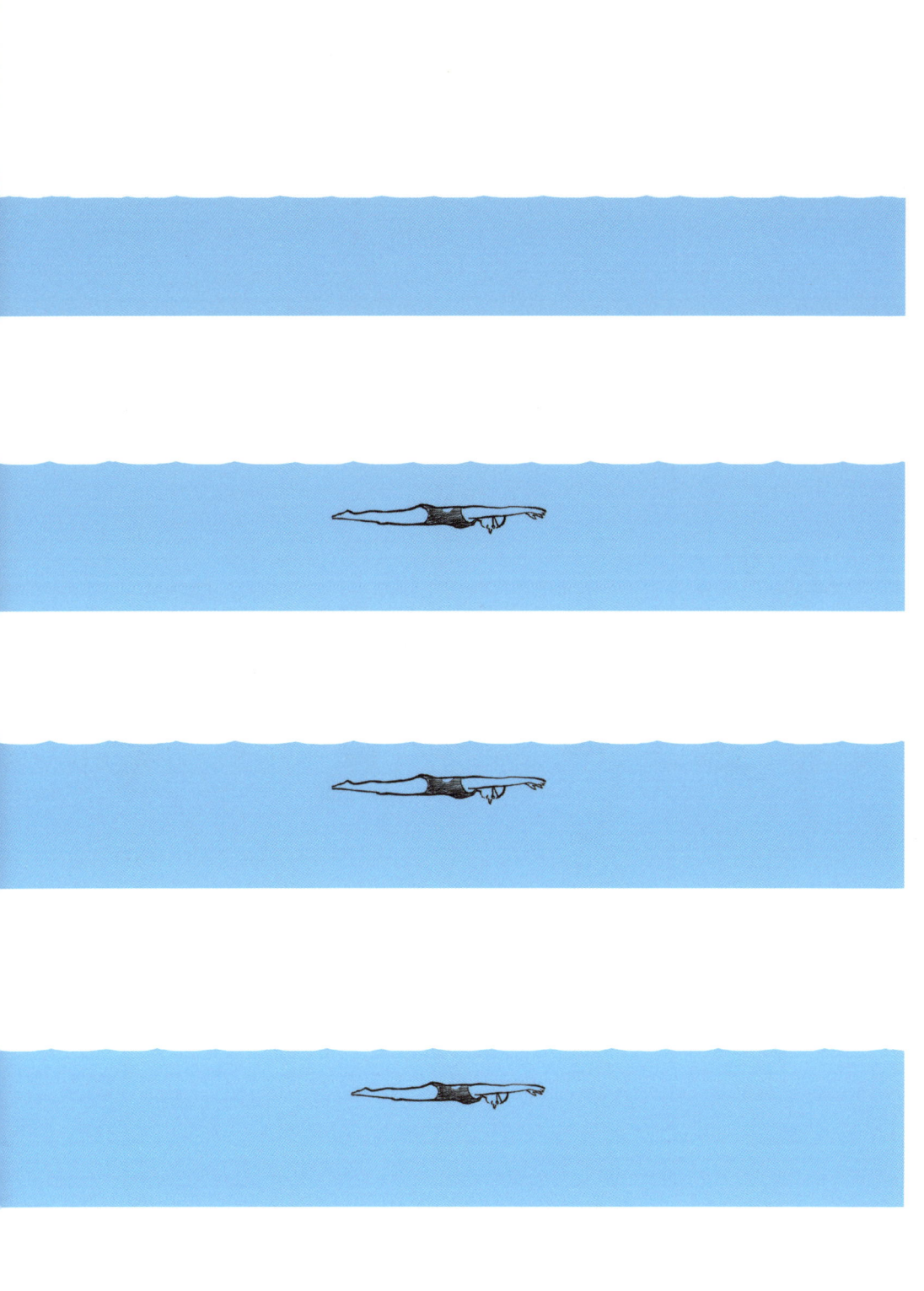

 퀵턴을 위한 회전 연습

268

쉽지가 않네…

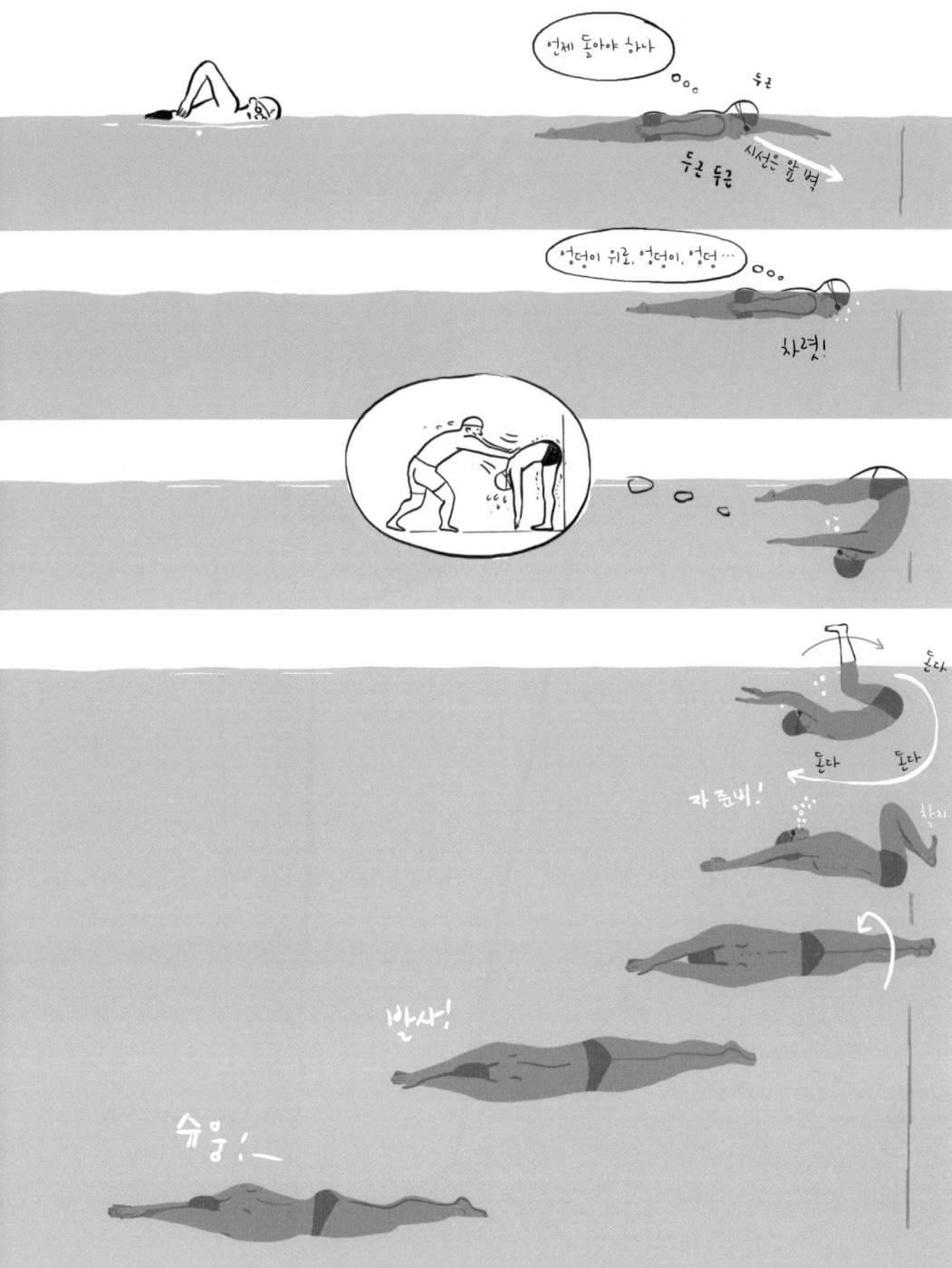

스타트포비아

차라리 푸딩이라면

내가 뛰어드는 물이 차라리 푸딩이라면…

이마를 찧지는 않을 텐데.

스타트? NO, 빼치기…

epilogue

마태야 테오야
누나 수영 갔다 올게!

뭐? 벌써 끝이야??!